珍藏本
纪念版

汉译世界学术名著丛书

马布利选集

何清新 译

商务印书馆
SINCE 1897
The Commercial Press
2017年 · 北京

Г. Мабли
ИЗБРАННЫЕ
ПРОИЗВЕДЕНИЯ
（**OEUVRES CHOISIES DE G.-B. de MABLY**）
Изд. Академии наук СССР
Москва-Ленинград 1950
根据苏联科学院出版社莫斯科-列宁格勒1950年版译出

汉译世界学术名著丛书
（120年纪念版·珍藏本）
出 版 说 明

2017年2月11日，商务印书馆迎来120岁的生日。120年前，商务印书馆前贤怀揣文化救国的理想，抱持“昌明教育，开启民智”的使命，立足本土，放眼寰宇，以出版为津梁，沟通中西，为中国、为世界提供最富智慧的思想文化成果。无论世事白云苍狗，潮流左右激荡，甚至战火硝烟弥漫，始终践行学术报国之志，无改初心。

迻译世界各国学术名著，即其一端。早在20世纪初年便出版《原富》《天演论》等影响至今的代表性著作，1950年代后更致力于外国哲学和社会科学经典的译介，及至1980年代，辑为“汉译世界学术名著丛书”，汇涓为流，蔚为大观。丛书自1981年开始出版，历时三十余年，迄今已推出七百种，是我国现代出版史上规模最大、最为重要的学术翻译工程。

丛书所选之书，立场观点不囿于一派，学科领域不限于一门，皆为文明开启以来，各时代、各国家、各民族的思想与文化精粹，代表着人类已经到达过的精神境界。丛书系统译介世界学术经典，引领时代思想，为本土原创学术的发展提供丰富的文化滋养，为推动中国现代学术和现代化进程做出了突出的贡献。

为纪念商务印书馆成立 120 周年，我们整体推出“汉译世界学术名著丛书”120 年纪念版的珍藏本，寄望既利于文化积累，又便于研读查考，同时向长期支持丛书出版的译者、编者和读者致以敬意。

两甲子后的今天，商务印书馆又站在了一个新的历史时间节点上。我们不仅要铭记先辈的身影和足迹，更须让我们的步伐充满新的时代精神。这是商务人代代相传的事业，更是与国家和民族的命运始终紧密相连的事业。我们责无旁贷，必须做好我们这代人的传承与创造，让我们的努力和成果不仅凝聚成民族文化的记忆，还能成为后来人可以接续的事业。唯此，才能不负前贤，无愧来者。

商务印书馆编辑部

2017 年 10 月

目　录

马布利选集

论法制或法律的原则

哲学家经济学家对政治社会的自然的和必然的秩序的疑问

论公民的权利和义务

附　　录

马布利选集

DE LA

LÉGISLATION

OU

PRINCIPES DESLOIX.

Par M. l'Abbé DE MABLY.

Ab Refpublicas firmandas, & ad ftabiliendas vires, fanandos populos, omnis noftra pergit oratio. *Cic. de Leg. l. 1. c.* 37.

PREMIÈRE PARTIE.

A AMSTERDAM.

M. DCC. LXXVI.

《论法制或法律的原则》的初版封面

论法制或法律的原则

第　一　篇

第　一　章

为了判断最有益于社会的法律，应当知道自然界赋予了人以什么幸福，它在什么条件下准许人享受幸福。立法者的责任，在于促进使我们结成社会的那些社会品质的实现。

我曾经交结过两个非常值得尊敬的人物，一个是瑞典人，一个是英国人：他们俩在本国的国会中都很出名。我打算尽我的一切可能，完全准确地叙述一下他们的谈话；在谈话时间，他们曾盛意地允许我在场。如果我能够做到这一点，我相信这对确信人的祸福取决于法制的好坏，并热心研究这个重要问题的人会有很大补益。这位英国人拥护本国的国家制度，支持那种骚扰、惊动和离间欧洲的政策，他确信英国的法律是明智的，除了他的同胞所追求的幸福以外，他不希望其他任何幸福。那位难于满意的瑞典人，崇敬古代哲学家关于治理共和国的方略的思想，他认为我们现在誉为治理有方的一切国家，都与明智的政策距离得很远。我们的认识错误了——他时常对英国人这样说——我担心我们是不是养成了把错误和偏见当成真理的习惯。在追求幸福以前，应不应当知道幸福是什么呢？应不应当了解一下，自然界在什么条件下才允许我们享受幸福呢？我们应不应当理智清晰地开始探讨一下，到什么地方才能找到幸福呢？如果我们摸索进行，可以希望不弄错吗？如果我们不假思索地到没有幸福的地方去寻找幸福，那只有徒劳无功，而我们想要逮住的幸福影子，也将不断地从我们身旁溜过去。这两位哲学家是在巴黎相会的，互相给予的礼遇，使他们不久就变成了最亲密的朋友。他们时常交谈，谈论他们的国家和法律，谈论他们的那些分裂人民的政党，谈论欧洲的政治均势和列强的力量，谈论它们的财富和资源，谈论使它们联合起来的条约。虽然他们几乎每项都没有取得意见一致，但他们都热爱真理，并善于发现真理，以致他们不能不去寻找相见的机会。

我曾经说过，由于某种宿命原因，在巴黎不可能深入地研究任何问题。在有这么多智慧、清闲和娱乐的大城市里，却没有时间去思考，从而理性也就不多。我们没有向理智清晰的外国人传授我们的轻佻浮躁，但是，在这个人人都在观察、打量和探听的经常忙乱中，在外国人于此必然陷入的长期散漫中，他们好像失去了自己的性格，而感染上了我们的性格。我的两位朋友，虽然好学不厌，但不得不应付那些成千上万的礼仪往来，以致有时不能长期相会，来从方法论上谈到他们所涉及的问题的基本原则。他们的谈话虽然时断时续，但却引起了我的好奇心。在我的面前，已经闪耀着一些支离破碎和互无联系的真理，我非常想把联系它们并使它们变成有用东西的那条线捉住；如果没有这种联系，那么，经常动摇和不相信自己头脑的人，必然产生谬见。

我很荣幸，把两位哲学家请到我一向去消遣的城堡；我希望他们在欣赏乡村风光的余暇，对我有所启发。我的希望实现了。我们来到城堡之后，来自瑞典的一些新闻，就在他俩之间引起了我所希望的争论。英国人对瑞典人说，贵国的国会在证明在召开会议时所引起的纷扰是正当的这方面进行得多么缓慢啊！可见，您的同胞不想摆脱狭隘和范围有限的小事。您知道，我是关心大胆粉碎枷锁和争取解放的人民的荣誉和成就的；但是，这种人民终究要享受自由、欢度幸福的生活。贵国从制定宪法以来，已经四十年了，但瑞典还没有兴盛。大批破产，金融紊乱，商业凋敝，丧失信心，行政混乱，这才迫使你们召开非常国会。国会召开了。会上吵吵嚷嚷，讨论了一通，设法排除人们所抱怨的灾难；可是，谁也不认为灾难是你们贫穷的后果。这也是你们不久以前实行的反对豪华法案所产生的结果，你们不当地坚持推行这些法案，这只能毁灭你们的工业。我向你们预言，如果你们不修改你们的法律，如果你们不承认与你们的柏拉图原则对立的原则，你们就要丧失你们所必要的工厂，你们的田园将要荒芜，没有人耕种，而对私人财产的打击，将会动摇你们的国家。

你们的想法真令人奇怪，他继续说下去，你们企图只用本国的产品，并以本国的幸福为名，残酷无情地禁止艺术、商业和工业活动，可是整个欧洲却在告诉你们，各国的富强都有赖于这种活动。如果大自然偏爱你们，赐给了你们以世界其他地区所没有的财富，那么，情况还会好一些。我们不得不向你们要求帮助，你们的错误给你们带来的损害还不大。你们的那些不了解人的可怜的改革者所崇奉的思想，或许曾经适用于只有一座城市和供应这个城市所必需的不多的粮食的田地的某一小希腊部族。幻想这种不合理而困难多端的幸福，真是使人悲哀！让这种无知的政策使你们获得胜利去吧！我们不久就会看到，你们的那些野人议员将会下地去拉犁。你们何时奖励那位又发明出斯巴达人的奇妙黑粥的人呢？或许要颁布一项法律，责成人民承认这种粥是最好的。您是否知道，从你们使用简陋的皮币和你们厌恶金钱而言可以把你们与受人尊敬的斯巴达人相比呢？但是，我不打算恶意地嘲弄你们；您知道，我是尊敬热爱自己的自由，出过许多伟大人物，并在整整一世纪中间对于欧洲事务起过重大作用的人民的。你们现在为什么不再被人们这样尊敬了呢？你们为什么不能再为北方的仲裁人了呢？你们为什么把这个荣誉让给只会管理奴隶的俄国宫廷了呢？只是一些陈腐的偏见在使南方的人民维系你们的友谊。但是，当他们明白过来之后，不久就会轻视你们的。为什么会这样呢？因为财富是平时和战时的政治神经，而你们现在穷了。如果你们想恢复昔日的荣誉，那只有设法致富。你们的贫穷绑住了你们的手；它违反你们的意志，把你们限制在本国范围内；它破坏了你们的胜利；它将继续使你们只能开办极小的轻工业企业。开始设法致富吧！只有这样，你们才能富强。

你们的立法者是奇怪的人，是商业、艺术和豪华的敌人。如果他们不理解富贵可以强国这个真理，那么，他们是否有足够的知识来制定贵国的法律呢？如果他们体会到了这条真理，那么，为什么还迟迟不把你们国家由这种禁止豪华的严峻法律下解放出来呢？或许这些人没有我最初所指的那种哲学家的想法，而是认为国家的财富可以由若干少量的财产合成，犹如私人财富有时是由若干少量财产合成的一样。或许他们因为自己的法律可以防止贵国流通的少量货币在购买你们所需要的物品时流入外国人手中而自慰呢；或许他们认为，可以进行多卖而什么也不购进的贸易呢。但是，我曾屡次鼓起勇气向你们说过，这是毫无实现希望的梦想。瑞典只靠出售制桅杆的木材和树脂是富不起来的。只有使人民增加生活需要，自由购买外国货物，商业才能扩大和繁荣。尽管你们还可能非难我们，说我们有某些错误，但请你们研究一下，本来不太富强的英国是怎样利用获利的商业使自己成为欧洲的仲裁人，并引起世界各洲的畏惧和尊敬的！

我们在不断创造日新月异的生活需要时，便刺激和发展了各种工艺；我们现在依靠外国人来养活构成我国力量的无数人民。我们的纺织品驰名全球，我们只要学会怎样使这种产品更好和成为各国人民的必需品。我们深信，凡是有人居住的地方，我们就可以在那里找到对我们有利的东西。我们从各地获取利润，把全世界的一切享乐和富贵都集中到伦敦，而我们因自己的享乐和劳动而向国家缴纳的赋税，则可使国家拥有强大的舰队和听它支配的同盟国。取缔豪华的法律，将会过分地破坏这种繁荣。如果我们闭关自守，又穷又苦，那就很难筹集资金来装备保护我们安全所必要的一些舰只。我们将会畏惧现在害怕我们，并设法了解我们的意图，使它符合于这种意图的国家。如果贵国改革家的政策在英国会发生这样有害的影响，那么，你们为什么认为它能给瑞典带来好处呢？其次，您还要知道，我们的自然条件没有你们那样严酷，你们要想使财富比得上我们，就应当比我们还会经商和办工业。

阁下，他的论敌微笑着回答，我们的长期论争现在又开始了，而且由此带来的愉快，会比散步为多。您经常反复地谈论贵国商业所产生的优点，可是您也知道，我曾荣幸地反驳您好几百次了。还需要再这样做吗？你们认为，最快乐的是增加你们的享受，并且把四大洲的财富和享乐都集中到自己手里，给自己建设所谓新的和更富裕的生活。当谈到富贵荣华性质的享受时，我同意这一点，并觉得您说得对。但是，当我观察许多为害很大的享受所必然产生的可悲后果时，当我看到它们在败坏人和反对自然界的目的时，我觉得最好是安于眼前的享受。要想得到真正幸福，国家也和私人一样，应当善于有节制地享乐。我们不要养成一种习惯，总想把自然界看成是后娘；这就是不感谢自然界，或不理解自然界。凡是自然界叫人生存的地方，它也安排了幸福，而且幸福的享受只取决于我们，因为与其说幸福在周围的事物中，不如说在我们本身中。这以我们的思维方式为转移，请您相信，幸福绝不是商人随着砂糖和洋红运来卖给人民的商品。

或许，对于整个社会也像对于普通公民一样，存在着值得警惕的虚构幸福，这种幸福以其诱人但不真实的外表掩盖着不幸的实质。或许，您所想象的幸福，并不是自然界赐予我们的幸福。或许，一个优秀的立法者，不足以成为一个优秀的财政家或商人。或许，国家不应当令人害怕它，因为国家不能叫人恨它。或许，取得胜利是有害的。阁下，如果您偶尔证明良好的政策并不具备高尚的道德，那么，对您的原则您会产生什么想法呢？不管幸福是什么样的，它绝不是可悲的，也绝不是令人厌倦的。如果你们的同胞认为幸福是由那样多的财物构成的，那么，这对他们来说是更糟糕的。至于我，我应当承认，我很难使自己相信幸福能从伴随着贪婪和虚荣的惊恐、不安和骚乱中取得。我不到银行或出售舶来品的商店去找幸福，因为我知道要到你们认为最艰难的困苦中去寻找它。我拥护斯巴达人的做法，如果瑞典人学习他们，就会得到幸福。以贫困、自制、节制和勇敢自豪的斯巴达人是幸福的，因为他们做事公正，什么也不惧怕。他们觉得希腊的其他部族十分可怜，认为他们跟不断要求各种玩具和追求某种达不到的幸福而白白跑累的小孩一样。

走进富人的豪华宅邸，惊喊一声“这里有这么多我不需要的东西”的哲学家，不比这些怪诞的、令人厌腻的、多余的东西的持有者更幸福吗？阁下，何必劳您去惋惜赋有这个哲学家的聪明的人民呢！您不认为自然界赐予各族人民的幸福有赖于个人的不幸是奇怪的吗？或更正确点说，是不可能的吗？如果瑞典人宁愿享受平凡的生活，而不为追逐财富去苦恼，那么我认为，瑞典没有什么比英国值得怜悯的。可能有人嘲笑我们贫穷和使用皮制货币；我们的雷厉风行的改革家，是出身良好社会阶层的人士，他们有足够的智慧证明他们不是蠢人，何况他人还不如他们聪明。

最后，阁下，您过于高估了你们的力量、你们的资源和你们的强大；只有您能向我证明自然界的创造者表面上似乎爱人，实际上注定人们互相憎恨、欺骗和仇视，我才肯在某种程度上重视您的下述自白：你们对欧洲的浮华起了一定作用，自己引起了恐惧，扩大自己的领土，在邻人的领土的废墟上建立大帝国。我想用两句话向您表达我的思想：我深信，社会的政治和法律只要符合于预见的目的，就是好的；当然，这种预见没有把幸福与虚荣和贪婪所产生的不公正联系在一起。我们要查明这种目的是什么，而不学习怎样来满足自己的欲念。难道最著名的民族的历史没有教导我们明白：为财富而积累财富和使邻邦从属于自己是如何有害的吗？谈到英国，如果它从本世纪初期不一心想要决定整个欧洲的命运，难道就不能幸福和强大吗？根据您的意见，我应当赞扬这种政策，可是它的后果又如何呢？你们用了这么多的力量，结果是增加了自己的敌人的数目。财富引起你们羡慕虚荣，而且这种虚荣超过了你们的力量。你们虽有很多财富，但为了发动和进行实质上与你们无关的战争，却欠了大批债务。不错，由于得到许多次成功和胜利，你们的状况比以前差了。你们的敌人越来越不怕你们，而你们的自由也没有巩固，因而你们的政策也不是明智的。

如果瑞典与野心勃勃的列强阴谋勾结，企图奴役我们的邻国，推翻德国的对我们无害的奥地利皇室，我知道这会对瑞典带来什么后果。奥地利曾在对外政策方面广泛实行阴谋活动，结果使自己衰弱和耗竭，在这之前，奥地利是可以引起我们的某种有理由的警觉的。有人向我们说，欧洲的宗教和自由处于危险之中；又向我们建议，愿意资助我们；还向我们担保，说一定会取得伟大胜利。总而言之，是法国把我们拉进了它的野心计划。但是，您最喜欢赞赏的我们的名誉，结果怎么样了呢？我们对自己国内事务的注意被移开了，因为我们只是替德国的受辱的自由复仇，而未能保卫住自己的自由。我们被一些虚假的希望所迷惑；我们的几位国王认为情况对自己有利，因为他们能够取消限制他们的十分合理的法律。他们顺利地助长了我们的贪婪和野心，这就是说，他们在暗地为我们锻制锁链。国内各阶层之间的联系本来很弱，后来更分散了；我们的政府逐渐变质了，而我们的自由的基础，也不知不觉被破坏了。这是无可置疑的真理，因为我们的贪婪和野心削弱了我们的法律的权力，或者更正确点说，折断了支持国家各部分之间的一定平等的发条，并且全体一致，在全民会议上为自己选出新的统治者。不久，我们就尝到了专制政治的一切极端的滋味。如果，我们不幸，我们的国王依靠剥削我们和邻国，以及仰仗盟国的资助而发财，并过起无忧无虑的安乐帝王生活，那么，瑞典的一切当然都要遭殃。他们带头使我们学坏，并把我们降到开始甘愿当奴隶的地步。如果没有这种您所不赞成和您认为我们应当摆脱的可幸的贫困，我们就要在查理十二世死后一直没有勇气打破压迫我们的枷锁。关于这种枷锁，我可以给您作十分动人的描述。最后，阁下，我们的祖先所争得的光荣，至今还剩下了什么呢？只在德国剩下了一个小省份。如果我们放弃这个省份，我们本可以幸福，它可能必定给我们带来上百次的麻烦；使我们保留了强国的虚名，迫使外国跟我们结盟。这种可耻的商业败坏了我们，使我们堕落，用私人利益代替了国家利益，妨害我们按照我们的管理制度生活，阻碍我们使自己的法律具有所需的力量和恒定性质。

不管怎样，我不能不承认贵国的商业使你们得到了大量财富，但是，如果考虑到这种财富使英国人变得更为贪婪，彼此不能公正相处，我就要否认这种财富是幸福。这种财富是罪恶，因为它使爱名誉、爱祖国、爱自由和爱法律的精神让位于卑贱的利益，给你们的国会带去了贪污风气，把国会变成虐政和不公正行为的帮凶。我们虽然贫困，可是还能致力于培养公民；你们在增加财富的时候，只创造出大批佣工。大量的财富引起了再增加财富的必要性，因为贪心是没有止境的。因此我认为，贪心永远是政治上的危险手段。金钱，金钱，为金钱付出了多么大的代价！罗马共和国就是因此而灭亡的;说实在的,阁下,我很难说哪一个国家能够在这种思维方式的支配下繁荣富强,因为国家越富,破坏国家的强盗越多。

您对我说,你们既要求富贵,也要求道德。但是,对不起,你们不是想把不能结合的东西结合在一起吗?至于我,只满意于道德上的要求,完全不怕贫困,因为我知道贫穷的公民比有钱的公民喜欢尊重公正和法律。我知道,在道德的帮助下,可以完成各种伟大事业。我知道,拥有全世界财富的罗马人未能抵御住几批蛮族的入侵。不错,在欧洲,有许多条约、同盟与和战问题,都取决于金钱;但是,如果欧洲做得不对,那么,能够说瑞典没有仿效它是不合理的吗?你们用金钱所购买的,只是一些雇佣兵;而在道德的帮助下,可以轻而易举地建立良好的秩序和纪律,并从此组成不可战胜的军队。你们能够指望用钱收买的盟友吗?他们将会设法欺骗你们,不对你们好好服务,使得你们继续需要他们。财富带来的优势究竟有什么价值呢?这种优势很快就会消失,因为财富的消耗将会大大快于它的获取。一个国家利用金钱,而不仰仗勇敢、纪律和才能进行战争时,如果可以这样说的话,它在战后的状况将比战前恶化;其次,什么东西也不能比这点更确实地证明财富不是用于创造各族人民的福利的。此外,阁下,即使你们的财富是用之不尽的,但你们在你们的道路上所遇到的,不是没有优良法律和政治的敌人,而是一个勇于忍受贫困并能像斯巴达人和罗马人那样思维的民族,那么,从你们的宝藏中你们能够得到什么即使是暂时的好处呢?波斯人和迦太基人的命运没有引起你们的恐惧吗?

但是,我们在限制自己的生产时,一点也不希望向外国人购买

货物。我们不希望这样做，完全不是为了节省金钱，而是因为我们害怕制造没有用处的需要，这种需要在我们那里现在就已经很多了。我们距离自然要求的朴素太远了！建议我国实行取缔豪华法律的人们，合理地指出了我们现在的没有节制的生活，已经高于我们所爱护和应当爱护的国家了。他们知道，在经常迷于发财致富的人看来，自由不能长期是主要的幸福。他们知道，外国人的金钱在我们的人民议会和参议院中有十分大的势力，而为了给我们树立适于自由人民的道德风气，他们尽了一切努力，要我们认为财富不是那样必要的。

您以为由于我们穷，人们就要看不起我们。可是我认为，如果没有什么东西破坏我们的政策，如果我们能够做到轻视金钱和奢华需要，那么，指导我们向善的这种贫穷本身，将使我们在欧洲建立威信和发生作用，并引起人们对我们的尊敬。在古希腊，斯巴达人就曾经受到这种尊敬。阁下，您不要笑，我说的完全是正经事情。如果我们不加警惕，如果我们不防止经常由于人们的德行脆弱而引起的虚荣和轻信，那么，我担心富贵会使我们堕落，因为受人尊敬常常是阻碍提高品格的暗礁。或许，在我们养成了使人害怕、爱戴和尊敬的习惯以后，就会不知不觉地丧失我们借以统治邻国的一切品质。或许，在我们最初感到不安的时候，我们要发号施令，以及用强力来维持只依靠公正、节制和宽宏所取得的威信。

阁下，您要知道——我们的哲学家继续说——为了我们能够彼此了解，我们曾把讨论建立在十分不同和矛盾的原则上；在我们争论了 20 次以后，我们仍然原地未动，没有而且不可能比第一次前进一步。可以说，——他看了我一眼，然后开玩笑地说——从我

们来到法国那时候起，阁下和我，就接受了法国的谈话风格。在这里，人们都是为了消磨时间而交谈；十分重要的问题，竟突然和毫无准备地由应当结束的地方谈起。在这里，人们永远弄不清楚问题的实质，永远达不到应当解决一切困难的地步，所以谈了一大片话之后，只有天知道谈了一些什么。在讨论大家认为是公理的某一原理之前，本应当——如果我没有说错的话——研究一下这种虚构的原理是不是谬见。为了讨论贵我两国法律的优缺点，是不是应当先考察一下自然界对我们的意图呢？或许，由于事物的常规，自然界给予我们的幸福是不能用金钱购买的。在某种制度下，商业将会发达；而在另种制度下，国库可能丰盈，国家收入成倍增加。我同意这种说法，但您也得同意下列见解：如果我们只依靠发展商业和增加收入而获得幸福，那么，纵有这些完美的法律，我们也完全没有前进。

我认为，在使用某种手段去达到一个目的之前，最好要问一问自己：所提出的目的是不是应当提出的目的。永远不相信自己和意志受到公民的欲念与偏见影响的立法家，没有这种慎重作风，所以他们始终不会知道国家的德政应当建立在什么基础上。他们一开始就走入歧途，在颁布法律的时候没有指导原则和任何体系，永远接连不断地犯错误。因此，世界上的政府形式、法律和道德这一五花八门的奇怪情景，使轻率的人感到快乐，而深思熟虑的人则觉得苦恼，他们深信人类经常受着某种盲目而变化莫测的命运的支配，而这对于我们的理性是一种耻辱。每个人都想按照自己的奢望去建立幸福，并且时而到奢华和享乐中，时而到贪婪和养尊处优中，时而又到欺压他人和类似的愚蠢行为中去寻找幸福；但是，按照另一方式安排事物的自然界，却在嘲笑我们的荒诞的企图。自然界惩罚了我们的谬误行为；几乎各国人民都变成了自己制定的不合理法律的牺牲品。各处的社会都有一伙压迫者和被压迫者。数千次的激烈革命已使世界的面貌改变了数千次，消灭了一些强大的帝国，但是，一再反复的经验，却没有使我们怀疑我们正在没有幸福的地方寻找幸福。

另一方面，有一种虚构的哲学，把世界上发生的一切没有意义的现象看成是理所当然，它求助于我们的偏见，赋予偏见以某种合理的外貌，以便能够永久巩固偏见的统治。招摇撞骗的人为我们的任性行为捧场；他们自己不学无术，并企图叫我们这样；他们的聪明头脑只用于他们的辩术；我们把他们当成好人，因而一贯地错误下去。他们没有深入理解我们的内心，没有研究我们的欲念；他们到与人无关的事物中去寻找规定社会幸福的规律和制度。既然他们相信天授的幸福古今是不一样的，所以授予亚洲、非洲、美洲和欧洲的幸福也是不相等的。他们郑重其事地向你们说，在北纬10度应用的规律，拿到北纬30度就不适用了。立法者为了明确他应否命令或禁止我们，是不是应当研究我们内心的嗜好，而不观察体温计的度数呢！平原或高山，土壤的干湿或肥瘠，靠近海洋或大河，以及千百种的其他偶然性，对于解决哪些规律最能使人幸福的问题有什么意义呢？难道气候的性质可以改变我们内心的本性吗？人不是到处有同样的需要、同样的器官和感觉、同样的爱好、同样的欲念和同样的理性吗？喜欢快乐和害怕痛苦不是到处都是我们的思想和行为的动力吗？它们不是到处都能同样地欺骗我们对于幸福的愿望吗？在赤道或在极地，在平原川地或在高山，我们

每个人的感觉都不是为我们的心灵开辟了无数不同的欲念吗？使贪婪、虚荣、懒惰和享乐欲望不可能发生的天下最美丽乐土究竟在什么地方呢？这种毒草是在什么气候下无拘无束地生长起来的呢？在某一地方，我们的欲念可以占据优势，而在另一地方，则可能易于驯服。在那里，欲念可能受比较多的诱因的影响，而在这里，个人性质的偶然原因可能抑制欲念的发展。我完全同意您强调气候影响的想法。但是，难道这些欲念不是到处视其被管理的好坏而成为我们的祸福的根源吗？在任何地方，欲念都需要抑制和监督，所以法律应当去调节欲念。

但是，谁教导我学习管理人们的欲念的伟大艺术呢？我怎样了解这种艺术的秘密呢？这要依靠研究人的内心。最初，我们的称为利己主义的自私，使我产生恐惧。这是一种命令性欲念，如果自己不能消灭自己，谁也不能摆脱这种欲念，它是我们的一切思想、动机和行为的动因。它似乎在我们中间筑起一座壁垒，或者只是为了武装一部分人去反对另一部分人，才使我们互相接近。如果我不能驯服这个凶猛的怪物，它就会粉碎锁着它的锁链；如果我允许贪婪、淫欲和虚荣这类欲念成为它的享乐工具，那么，我由它的暴虐得到的灾难不是再大也没有的了吗！但是，我一想到自然界的英明，就开始安静下来，我猜想自然界使我们具有彼此互爱的感情，绝不是为了使我们不幸。

我下到人心的最深处，发现自私是把我们联结成社会的一环；如果我不爱自己，那么，怎能去爱和我一样的他人呢？我看到我们的造物主以其惊人的本领给人间布置各种不同的需要，并使我们从属这种需要，以便把我们变成彼此都感到必要的人，和为互相善意相待培养我们的自私心理。此外，造物主还赋予我们心灵以某种好像是不随意的本能的社会品质，这种本能先于我们的思维，能使我们珍贵他人的幸福，并号召我们（不管是由于追求快乐，或是由于害怕痛苦）亲近、团结、互爱、互助和互相牺牲。我觉得自己有怜悯和感谢的心情，需要爱情，害怕失望，爱名誉，希望竞赛等等。尽可能抑制我们的自私吧！但是，当我刚刚欢庆这个发现的时候，又感到恐怖重新袭上心头，看到这些社会品质可能带未一些罪恶，如果我不极其慎重地指挥和管理这些品质，将会使我感到自负。

其实，这些品质也同样地能够变成恶习；它们如果得不到发展，就会枯萎和消失。如果我每天为自己制造无数的需要，并只因为这些需要而使自己变得冷酷无情，那么，自然界赋予我一颗能够感受同情的心，对我有什么用呢？如果卑鄙的利益和可恶的好处把感谢的心情变坏，并使我滥用嗜好，那么，能够期待我为他人造福吗？如果使我能够避开邪恶的恐怖夺去了我做一个正直人的勇气，那么，我就会完全消沉下去。人们叫我享受虚构的快乐，向我表示虚伪的敬意，而这个强大的动机——欲望和爱名誉——能对社会产生多大好处，也能对社会发生那么大的害处，至于来自羡慕和嫉妒的竞争，将会到处制造憎恨、不和与纷争。

阁下，如果我说的不错，这些就是各国的立法者在立法时不应忽略的观点。立法者应当认为自己是天意的同谋者；他们应当明白，天意号召我们结成社会，只是为了赋予社会品质以更大的力量，而不叫它们离开为其实现它们才被赋给我们的目的。法律应当按照自然界的目的来指导我们，执政者应当叫我们尊重这些领导者。

阁下，现在我要问您，在英国和瑞典，哪一个国家的政策接近这些我们不能怀疑其公正性的原则呢？我认为，我们距离社会所应达到的完美地步还很远，我们很难摆脱许多严重的恶习。但是，我们取缔豪华的法律在整顿和节制我们的需要时，难道不能促进我们不再互相排挤吗？私欲作为我们的治国动力的豪华、商业、贪婪和自私能够引起公民互怀好意，从而使他们从人类的苦难和弱点中得到安慰吗？十分显然，法律越能教导我们知足，它就越能巩固社会的联系，因为它在发展和支持我们的社会品质。土地给予我们的只是数量有限的财富，我们为什么要有无限的需要呢？如果立法者们一心要做强盗，那么，我没有什么可说的；但是，如果他们也想成为公正的人，有心为社会造福，那么，他们怎能不想到自己在使奢侈变成为生活需要的时候是破坏了天意规定的秩序呢？他们怎能不想到某一部分人不能充分满足实际需要，而另一部分人却在给自己制造想象的需要呢？我们的需要，根据自然界中存在的秩序，本应当使我们团结，但由于我们的政治制度所建立的秩序，更正确地说，由于我们的政治制度所造成的混乱，而只产生了分离我们的作用。如果社会是由一些嫉妒、贪婪和嫉妒他人的公民构成的，他们因为一部分人只能依靠另一部分人来满足自己的需要，所以无论如何都想损害他人，那么，立法者在这种社会中公布一纸只能刺激我们欲念的法律，就可以有希望建立联盟、和平和幸福吗？

阁下，您的同胞都很会计算；我希望他们告诉我，为了使你们的国王幸福，曾经损害了多少公民，更正确点说，损害了多少地方。您认为没有生活资料的英国人对贵国的规定百万英镑皇室费和允许若干公民占有巨额财富的法律没有什么可以指责的吗？满足十几个人的无节制幻想的无益试图，要求掠夺整个亚洲。谁是这种称为苏丹或沙法维[1]的奇怪动物呢？它把大地的全部果实都吞了下去，但还经常感到饥饿，永远没有饱意。阁下，如果我要详细向您叙述您所颂扬的贵国政策怎样在设法败坏你们和使自然界赐予的高贵物品变成有害的东西，我是永远也说不完的。请您相信，如果一个国家准许无益的需要存在，不久就会有人开始庇护这种需要，因为有些人想占有一切，而另一些人却一无所有。随着公民的需要的增加，我们的社会品质便逐渐变弱和衰退，而恶习却要明目张胆地出现，甚至很快要求人们喜好这种行为，并以此为荣。您知道历史上的灾难都是怎样产生的吗？轻视法律，败坏道德，发动内战，对外侵略，几个帝国的灭亡——这一切灾难只是由于我们不想顺应自然界的意图和秩序而发生的。我很难相信：听从企图谋取虚构的富贵和幻想的优势的立法者的指挥，我们能够纠正他们的错误。我们在违背自然界的命令时，不就取得今后日益违背它的权利了吗？我们能够指望由于我们坚持恶习而终能强迫自然界服从我们的任意胡为吗？自然界绝不会因为我们违背它的规律而放弃自己的规律。这里所说的规律，不是在城市和社会出现之前就存在的永远不变规律，或被西塞罗（Cicero）称为神本身的最高理性的规律，而是欧洲现在天天颁布的只值得加以轻视，使其实际上等于不存在的法律。

再者，阁下，我要问您，我们的改革家的过于认真的严格精神，不是比您认为可以帮助我们增加需要和财富以及增加恶习和偏见的法律，更能使我们接近自然界的外貌和意志，从而把我们送上通往幸福的道路吗？我们应当在现况允许的范围内尽量恢复自然规律，以使瑞典繁荣，这种想法难道不很好吗？而为了恢复自然规律，我们就应当消除，或者至少要削弱这方面的障碍。亚偈西劳[2]说过，为了容易做一个正直的人，我就要避免诱惑人的东西。您可以想起西徐亚人阿纳卡尔西斯[3]的故事，他以高尚的纯朴精神推辞了哈农[4]赐予他的财宝。他说，粗糙的皮子就可以做我的衣服，我愿意光着脚走路，躺在地上睡觉，饥饿会使我感到最普通和最朴素的食物是最美味的；请您留下您的东西，把它们赐给您的公民或献给神吧！生活需要这样少的人会没有美德吗？号召我们轻视金钱，以使我们的就要枯死的社会品质的小芽茂盛起来，并促使我们去爱祖国、爱法律和爱自由，这能够算是狂妄吗？为了准备这种使人获福的革命而消灭我们重视财富的理由和论据，难道能够说是太没有理性吗？柏拉图赞同我们的政策，请您原谅，我愿意接受他的赞同，而不愿意接受伦敦银行家的钦佩。

你们的同胞出卖祖国的利益，骄奢淫逸；他们只求满足自己的需要，逐渐破坏和丧失了安于朴素生活的能力。只要你们不开始认识财富是没有用处的，那么，不管你们颁布多少法律，它们的力量也永远不会大于你们所崇敬的贪婪。你们希望手中的金钱能够代表一切；但是这样之后，你们能够相信这些金钱不会使你们的国会议员腐化吗？根据您的意见，一切美德，包括大公无私在内，都是可以用钱来买的。假如，我们容许诱引力大的奢华性需要迫使我们重视金钱，认为它比美德还重要，那么，我们一发觉您所说的那种可怕的腐化现象渗入我国，我们就要设法不让贪婪胜过法律的力量。

为了充分证明我们立法者的严格精神是合理的，应当指出：他们过去的心软和宽容是值得责难的。应当深入地研究我只说了一个大概的思想；应当揭开自然界的所谓秘密；在查明我们败坏和损害社会品质的原因以后，还应当寻找自然界给予我们的那些保持这些品质纯洁的方法。这已经够了，不必要求我详细论述法律。我们不管我们的那些厌世的立法者；我们让我们的船舶航行在所有海洋上；我们使全体人民一听到英国人就敬畏备至；我们从你们那里运来你们从来没有感到满足，或许曾使你们遭受过你们十分害怕的贫穷的大批财物。但是，现在的这些讨论有什么用呢？让世界照现在的样子进行，是更有理性的，或至少是容易的。我感到非常严重的是我们与我们的幸福之间的巨大距离，当然，我们也无法取消这个距离。但是如果我们不去谈论你们的愚蠢和不幸而去散步和观赏可爱的风光，这样做也许更好得多。由于夏天而衰竭的大自然，好像在美丽的秋天里苏生了。人们没有想到冬天就要来临，而如果想到这一点，他们一定会赶忙欣赏晴朗的天空的美丽。阁下，真是值得庆幸，人们的恣意任性还没有影响四季的运行；我们会不耽延地毁灭一切东西；如果我们都按照自己的幻想去安排一切，天晓得整个世界会不会陷于混乱呢！这两幅图景都使我赞赏。请您往右边看：我们面前流着塞纳河，它弯成一个很大的半圆，它在这一片草原上分岔和漫流，然后白白地流过这条山脉的不毛山麓。现在，把视线移向左方看一看这片使人心情开朗的平地，那里有一条不太有名的河川，两岸夹着杨柳，弯弯曲曲地流过，给人们带来富裕和丰收。

看到这种没有染上城市习气的小乡村，有一种宁静的感觉钻

入人们的心灵。享受不到这种快乐的人真是遗憾，我们沉湎于甜蜜的梦想，我们的思想似乎在告诉我们：这就是我们所要求的幸福。至于谈到我个人，——我们的哲学家接着说——我坚定地认为，只有各国的朴素的执政者摆脱自己的困难处境，人民才能享受社会生活的好处。到那时候，法律才会公正无私，不偏不倚，而乡村也将成为百花盛开的乐园。现在，我们贪得无厌地要求豪华奢侈和游手好闲，而这种要求却在不断地折磨着不幸的、被迫为我们耕田种地的人们。如果我们希望保存这种使我们高兴的幻景，就不应当接近这种住所。如果所有的人都分担劳动，那么，折磨农民的劳动就会成为一种乐事。我们的贪婪使他们处于贫困状态；在他们用自己的血汗为我们培育的果实中，他们所得到的那一部分只是很少的一点食物；他们都贫困不堪，对未来感到恐惧，或许这种恐惧对于他们比今天的贫困更坏。而在这以后人们竟还颂扬欧洲的政策！阁下，请您原谅，我又不知不觉地谈起我们的取缔豪华的法律，说起我们的改革家。

我正想听这个议论——英国先生敏捷地回答说——我们的谈话也不能再比这个更有意思了。既然您已经广泛发挥了您的思想，我现在略微熟悉了你们的观念。如果您的学说不如柏拉图的，我就完全不想批驳了。您的基本思想已经使我大为动摇。我只从政治和法律对于国会的辩论和我们各部的倾轧的关系，对于我们商业的成就、我们银行的安全和我们关税的收入的关系，对于需要我们帮助的欧洲的均势，对于我们舰队的关系，详细地研究政治和法律之后，我已被您引人一个完全新的境地，而且我已经看到的东西，又引起我探求其余东西的愿望。我是从能够使人崇拜财富的方面研究财富的，这一方面包括富丽堂皇、享乐、奢华、庞大的舰队和敬重我们的盟友，以及互相争夺接受我们的资助的荣誉的德国和意大利的国王。毫无疑问，这一切都是特别好的，但是，当我听到您的话以后，有点害怕弊多利少。

我把您对我说的一切，与我在英国看到的实况作了比较，并觉得已经明白：建立在十分明智并能引起十分光辉希望的原则上的政府，为什么不能防止我们一再抱怨的无数舞弊行为。我发现舞弊的秘密可以避开限制我们欲念的一切法律。请您品评一下我的观察力：我现在开始明白，只有向公民指出正确的生活方式，国家才能幸福；如果在制定要求公民公正无私和爱好美德的法律的同时，又颁布勾引我们的贪心和必然产生恶习的法律，那么，前项法律就毫无用处。在我确信我认为十分不定和以科学猜测为基础的政策不是某一善变和狡猾的阴谋家的花招之后，才会感到非常高兴，因为这种阴谋家以虚伪的诺言向我们许愿，企图蒙蔽我们，或者随机应变，使用千百种手腕，以使人们在摆脱了一种困难后又陷入另一种困难。您向我介绍了自然界的外貌及其对我们的愿望，指明了自然界在什么条件下才能使我们幸福，和给了我们哪些获得幸福的手段，这就使我明白了法制只服从于既正确而又简单的规则。但是，由此或许可以得出如下的结论：我们的恶习是不可救药的？如果立法者应该使自己的行为方式与自然界符合，我们何必希求良好的法律呢？因为反正都是一样。我请您再给我解释解释。最好能够指出我们祖先已经走过的道路；再者，既然我们已经确信社会的不幸完全来自我们的罪恶，那么，我们或许早就作过若干有效的努力去消除这种不幸。我在英国先生的请求之外，又请

求一次。于是，当我们走上美丽的林间大路的时候，我们的哲学家又继续和我们谈起来。

第　二　章

自然界希望公民的财产和地位平等成为国家繁荣的必要条件。

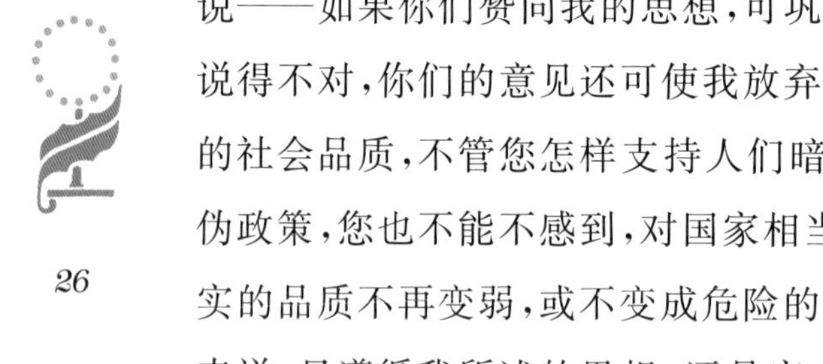

我十分高兴向你们讲述我的思想——我们的哲学家继续说——如果你们赞同我的思想，可巩固我对它的信念；因为如果我说得不对，你们的意见还可使我放弃谬见。阁下，我向您谈过我们的社会品质，不管您怎样支持人们暗中用来代替自然界政策的虚伪政策，您也不能不感到，对国家相当重要的是使这些业已名不副实的品质不再变弱，或不变成危险的欲念。但是，对于一个立法者来说，只遵循我所述的思想，还是完全不够的；如果他不希望发生谬误，就应当知道自然界本身是否为我们提供了保持社会品质纯洁的手段。毫无疑问，自然界放过这一点是最英明和最有德行的；而在我们这方面，最合理的是不感到困难地服从自然界要求于我们的条件。我研究立法者的责任时，不是根据英国、瑞典、法国或德国的法律，我为此要深入我的内心深处。我研究了自己的感情、它们的相互关系和联系，得知自然界规定人人都是平等的。我觉得，自然界正把保持我们的社会品质和幸福的问题与这种平等联系起来，因此我想作出如下的结论：如果立法者一开始就不集中注意力去建立公民的财产和地位的平等，那么，他的一切努力都将徒劳无益。

我越仔细考虑这个问题,越深信财产和地位的不平等正在使人产生所谓分化,并改变着人心的自然趋向,因为无益的需要使人产生对他的真正幸福没有用处的愿望,使他的脑袋充满最不公正和最不合理的偏见或谬见。我认为,平等在限制我们的需要时,可使我们的内心宁静,从而防止欲念的成长和发展。如果地位的不平等不使我们养成一种习惯,认为高雅、矫揉造作和精致这类可笑的柔弱是代表某种荣誉的优越的证明,那么,我们追求高雅、矫揉造作和精致的举动,难道不是不可理解的冒失行为吗?为什么我要使自己高高在上地去看品格或许比我高的人呢?为什么我会取得某种特别地位呢?为什么我要希望取得这种地位的某些权力呢?如果地位的不平等不使虚荣、财产的不平等不使贪婪进入我的心灵,那么,我就不会因此为暴政、奴役和最有害的社会恶习开辟道路。我觉得,使人轻视美德而重视许多无益而有害事物的,只是不平等。我认为无须证明,在平等的社会状况下,防止舞弊恶习和切实巩固法律,是最容易的事情。平等一定会带来一切福利,因为它团结着所有的人,提高人人的品格,培养人们相互怀有善意和友爱的情感。我由此断定,不平等将为人们带来一切不幸,降低人们的品格,在人们中间散布不和与憎恨。如果公民之间都是平等的,他们只珍重人们的美德和才能,那么,竞赛自然会在公正的范围以内。假如你把平等取消,竞赛马上就会变成嫉妒,因为竞赛的目的已经不纯洁了。

为了使您确信我的论点的真实性,只需研究我们欲念的发作情形,观察它们以什么方法和巧妙来运用自己的一切优势,观察它

们怎样互相冲突、触犯和刺激，以及它们怎样取得了控制我们的权力。然后，我们再研究我们周围发生的现象：在一个国家内，平等越少，虚荣、卑鄙、残酷、贪婪和暴虐就越多。不管教育怎样教导人们隐藏这种情感，它们仍然要到处出现。我一向知道，这种情感有一层假面具掩盖着，一遇到紧要关头，就会无耻地冒出来。阁下，有少数特殊人物，自然界赋予他们的社会品质似乎很强。他们怎么能够保持自己不被一般人传染呢？我希望我们遇到这种人时，他能向我们说出他的秘密；其实，我可以猜到这种秘密。开明的理性可以帮助他轻视富有和高官显第所带来的一切偏见。他认为平等贵于一切，因为在这种条件下，人们不需要我们所想象的那些能够成为显贵的细微区别。

但是，使我们感到惊奇的某些例外，并没有破坏这一个一般的规则：人类经常要重复不平等所产生的恶习。既然财富分配得不平等，那么，怎能使比较富贵的人不服从于诱人的懒惰的作用呢？他们一有空闲时间，怎样不想新的享乐和舒适呢？于是，生活在养尊处优的奢华环境中，能够不对奢华给予一定的评价和重视吗？难道可以这样狂妄地抬高自己，而开始轻视仍然像以前一样朴素的人吗？请您想一想，如果没有富人，从而也没有穷人，就不可能有地位的不平等了。是不是穷人不必向富人出卖自己的服务呢？这难道不会降低他们的品格吗？我们在讨论腐败堕落的起源时，不要根据它最初引起的微不足道的恶行，而要根据它必然产生的可悲未来。古代的一位最伟大人物说过，希望断绝罪恶，这就等于认为一个从列卡多悬崖跳下来的疯人，如果希望在下落途中停下就果真能够站住一样。人们一离开理性，各种欲念就要开始冲突，并以极快的速度向前急进。我们一开始服从它们，就会甘心情愿地不再反抗它们。西塞罗说得对：我们的罪恶是不可救药的。

请您观察一下我们的恶习的整个锁链，它的第一环就与财产的不平等连在一起。财富刚一占有某种地位，富人就想夺取国家政权。请您想一想，被人轻视和看不起的穷人能够反抗富人吗？虚荣多少一勾引穷人，它就必然成功。不知不觉之中，国家就走上了专横跋扈的道路，而人民的愚昧无知便永远加强人民的受奴役地位。如果财产的不平等大得使比较有进取心和胆量的富人敢于公开暴虐，那么您会看到，穷人不是由于不能忍受压迫，就是因为愤恨新的不公正行为，而举行起义来保护人权。因此，产生了许多使共和国分裂，并导致它的灭亡的不和、倾轧、内战和革命。

如果有利的环境使这种动乱安静下来，而互相敌对的政党也好像和解了，那么，国家将会根据协议规定的使公民平等的法律而或多或少变得幸福起来。如果这种平等是不全面的，火焰就没有熄灭，只是被灰盖上了而已，由此还可能发生新的大火。如果财富终能建立起贵族政体，而人民的统治者们的财富又都相等，则国家可以存在下去。如果其中的一部分人得到了较多的财富，而其余人的地位仍和从前一样，那么，曾经推翻人民政权的那种动乱，也将会推翻贵族政权。国家的管理工作逐渐被越来越少的人所掌握。于是，政党和同盟形成了，有些人进行阴谋活动。寡头政治也建立起来，而使统治者们联合起未的那些欲念，不久又使他们分离开来。在以共同的力量使共和国服从于自己之后，他们之中的每一个人都企图使其余的人从属于自己。结果，其中的有势力的统治者建立了自己的政权，并把自己不信任的一切人消灭掉。盲目而任性的权力代替了被人破坏了的法律；为了本身幸福而结成社会的人们，也逐渐在越来越严重的苦难打击下，终于落入皇帝们的统治势力范围。这些皇帝有的狂妄，有的昏庸，有的残暴，有的不公正。他们经常被自己的权力的重担压得软弱无力，因为他们违背了自然界的命令，受到这种惩罚是应当的。

自从地位的不平等不再允许我们享受公正不偏的法律以后，我们就给自己造成了许多灾难，因上述的灾难就是其中的一部分。阁下，您的学问很高，我可以不必详细说明。我要不要向您谈一谈，就像奴隶制度曾经玷辱过希腊人和罗马人的共和国一样，现在使欧洲感到可耻的贫困呢？看来，我们自己制造的不幸还少，比如，各国都在武装自己，彼此攻打，一切人权全被蹂躏。柏拉图说过，人人平等和具有简单而不多的自然需要的公民足以够用的土地，不够维持出现了地位不平等并使人崇拜富有、豪华和享乐的社会。掠夺邻居成了有利的事情，并且因为掠夺有利，掠夺很快就开始比公正更加受到人们的尊重。从这以后，我们对公正只持有虚伪的概念了。我们给自己创造了两套尺和秤；富人们玷辱了人类的理性，他们对窃盗处以死刑，因为他们害怕被偷；另一方面，又同意侵略，因为他们自身就在掠夺人民。

阁下，请您费神，再听我讲几句，然后您愿意怎样反驳就怎样反驳。请允许我补充一句，为了证明必须人人平等，我不只限于向您指出不平等所带来的混乱现象。自然界把平等规定为我们祖先的法律，并把自己的意图申明得极为清楚，人们不可能不知道这种意图。事实上，谁能否认我们来自大自然的怀抱时是完全平等的呢？难道自然界不是给所有的人以同样的器官、同样的需要和同样的理性吗？难道自然界赐予大地的一切财富不是属于所有的人的吗？您在什么地方可以找到不平等的基础呢？难道自然界给予每一个人以特殊的世袭领地了吗？难道它在田地上划了田界吗？它并没有创造富人和穷人。难道也像它为了确立人对动物的统治而给我们许多高级的品质一样，而给某些种族以特别的恩赐以使它们处于特权地位吗？它既没有创造伟人，也没有创造小人，它并没有预先规定某一些人是另一些人的主人。

这还不是全部的情况。难道为了确立这种高贵的平等，自然界就没有赋予人心以高尚、崇高和自由的感情来保护和维持这种平等吗？自由人民的这种精神倾向还将以什么样的力量表现出来呢？即使在各个专制的国家中，这种倾向已趋减弱和衰退，但当奴隶们受到一般贫困所不能容忍的欺侮时，在他们的内心深处这种倾向仍会复活。这种未能被许多世纪的奴役和暴政消灭的感情，最初是以什么样的力量表现出来的呢？人们的幸福越需要平等，自然界就越应具有小心翼翼地保护平等的明智。在我说我们的社会品质容易被滥用的时候，在社会品质经常与某种恶习接近而容易败坏的时候，我认为有一种相反力量，即上帝不允许侮辱人的平等感。这种感情越活跃，就越能促进幸福。它永远不会变质和成为恶习，因为它永远不能是不公正的，而且在以同样的程度使我们摆脱暴政和奴役时，把人们团结起来，给予他们同样的利益。平等感不是别的，而是我们的自尊感；人们只是由于听任这种感情的减弱才变成了奴隶，如果使这种感情活跃起来，就可以变成自由的人。

英国先生向我们的哲学家说：“如果您只说消灭几乎所有欧洲

国家都有的严重不平等现象，那么我想，谁也不会反驳您的意见；不过，您所要求的是严格的平等，您的论点没有说服我。自然界可以用一只手给我们平等，而用另一只手再把它收回去。很难使人自己相信：如果上天是那样热烈地希望保持我们的所谓平等，而不能从自己的善行、明智和无限强大的无尽的源泉中找到保持平等的可靠手段。您说，我们都有同样的器官、同样的需要、同样的利用土地产物的权利；我同意这一点，但是，我们也有不同的嗜好、不等的力量和才能。不应当由此得出在创造人类时存在的平等曾经是而且不能不是暂时的现象的结论吗？人们来自大自然的怀抱时都是粗野和不定型的，自然界产物的改进取决于人的技术。既然我们不能脱离人类诞生时候的状态，不能与天意对抗，那么，为什么不以对待我们的平等的态度来对待我们的独立呢？平等和独立都是自然界的赐予物，我们为什么要放弃这个而保存那个呢？如果我们的使命是建成社会；如果我们需要制定法律，给自然界增添新的力量；如果我们需要设置公务人员，以便监察这些法律的遵守情况，那么，我就要从这些可靠的真理中得出如下结论：自然界并没有赋予我们以平等生活的权利，因为显而易见，社会地位必然以从属关系为前提，这却不可能与您所希望的公民之间的平等相关连。应当建立某种抑制性的政权，并使它在行使自己防范罪行的措施时不受到反抗。但是，如果不取消平等，怎么能建立起这种政权呢？”

我们的哲学家嘲笑地答道：“对不起，阁下，我认为使您满意并不这样容易。但是，您为什么一方面恭维我，认为我好像出席了上天的会议，另一方面又要求我说明如此软弱无能和受限制的人们怎么能够反对自己的意向和拒绝强大的天意所赋予的平等呢？我不理解——而且，任何一个哲学家也永远不会理解这一点——上帝究竟是由什么动机想起来创造人这种生物的呢？从感性需要来说，人是最不体面的动物，而在理性方面，用西塞罗的话来说，人可以接近神本身。这样十分不同，或更正确点说，这样显然对立的品质怎能集合在一处呢？这仍然是我们百思不解的秘密。但是，不管这种结合怎样无法了解，它毕竟是存在的，而人们之所以不了解，是因为人没有达到完美地步，有制造谬误的能力。人滥用自己的自由，不追求天赋的嗜好。但是，我们不打算深入研究超出我们智力范围的形而上学问题，因为遮蔽我们视线的帘幕并不在这里。您的一切观点只是抱怨人太软弱无力，我可以回答您，我见到了人的这些弱点在打扰着我；但因为人是上帝创造的，他的一切必有善果，所以我相信上帝会使人达到十全十美的地步。我希望上帝剥夺我的作恶的自由，但我认为它给予我的一切条件都是叫我为善的。

我认为，您从人们的嗜好、力量和才能的差别中找不出任何有力的论据来证明人们的天生的平等是不可能存在的。阁下，请您注意，不要把我们现在的状况与我们祖先刚从自然界的怀抱脱离出来时的状况混为一谈。公民之间建立的不平等，创造了各式各样的需要、艺术、职业、恶习、迷信、习惯和欲念，并由此助长了平等的消失。我们祖先的需要极其朴素，而他们的爱好却能够像您想象的那样不同。您可以想起，有人著书研究非洲和美洲野人的习俗；您在这里可以看到，他们的活动范围很窄，他们都彼此平等，需要一样，因而他们的性情也具有一致的性质。

我说才能也是这样。自然界绝没有把才能分配得这样不平等，以致能够在人们的地位上造成极大差别。我们所受的那种能够使一部分人愚蠢和发展另一部分人的精神能力的教育，叫我们相信上天创造了人们的各种阶级。在我们所看到的这座高山上的小茅舍里，贫困埋没了也许像荷拉提乌斯[5]、费尔森[6]、马尔巴罗[7]、亚立斯泰提[8]、意巴密嫩达[9]和某个莱喀古士[10]这样的一些人物。最初，人们所受的同等教育发展着人们的大致相同的才能；后来，某些公民因其高尚的品德而博得社会的尊重，并被擢升到高级的职位上去。

我也很难理解力量的不平等是怎样促成平等的消灭的。难道自然界创造了百手人来征服自己的同类吗？没有创造这种人！您怎么会想象我没有武装，没有狮子般的爪和牙，就能迫使与我相同的人承认我本来没有的优势呢？可是，如果我滥用力量，难道人们就不会团结起来惩治我吗？难道我能抵得住八个或十个比我弱的人吗？您认为力量的不平等已经消灭我们所说的社会形成以前的平等了吗？这时，我要说您编造了一部不足凭信的小说，能够指望在还没有想出法律和法官职位的时候，在人们还不知道什么是命令、禁令和统治的时候，就在完全独立的人们中间出现实行暴政的计划吗？您把人的思想和欲念的整个发展过程颠倒过来了。在使一个人掌握无限的大权之前，本应当从学习服从法律和执法者开始养成服从的习惯。难道不是在社会形成之后就发生了这种有害的革命吗？力量可以博得粗鲁而野蛮的人民的尊重和信任，但它不能消灭发展到可以组成社会的人民的平等。由法律联合起来的人们为自己规定的目的，是成立公共的政权，以防止和消除个别人的专权和不公正。一个人怎么能够依靠自己的力量来使他人承认他的统治和暴政呢？阁下，人们失去了平等，绝不是自然界的过失；人们完全没有滥用他们所具有的不平等的力量；应当到别的地方去寻找原因。这是非常不明智和十分轻率的政治和法律的过失，它们让长期管理行政的公务人员养成喜欢发号施令的习惯，把公共的政权变为有利于自己的东西，最后成为统治者。

我不否认自然界没有在我们之间平均分配财富，但我认为它在分配财富时所依据的比例，并没有人们在地位上所出现的那种惊人差别。自然界在赋予我们以各种趣味、品质、力量和才能之后，绝不想把我们诱入圈套，或使我们产生某种程度的不平等，因为不管不平等的程度怎样微小，它始终是一种能在短期内变成力量并引起极大灾难的罪恶。自然界只力图加强和巩固在法律的支配下使我们团结的那些必然联系。由于有自尊心可以防止我们抱怨这种不平等的分配，自然界可使我们成为对彼此更有益的人，满足我们的一切需要，号召我们互相提供所需要的服务和善举。这种成为社会繁荣的条件的不同的自然恩赐物，在万物产生之初就促进着社会的产生。如果所有的人都具有同样的品质和爱好、同样的力量和才能，他们就不会这样热心地接近，每个人也将很不愿意占据他应占据的位置。

阁下，我请您不要相信：为了使我们得到幸福，也得像保持平等那样去保持独立。不错，独立和平等都是自然界的恩赐物，但它们是不同的，而且是为了不同目的而给我们创造的。我们作为平等的人被创造出来，并不是因为我们要永远保持独立；而我们作为独立的人出生，则是因为我们要生为平等的人，并永远保持这种平等。当我们注意到下述情况时，这个真理就更加明显了：所谓独立，是使每个人都不了解自己的行为，只去发现（如果可以这样说的话）自己智慧的认识和自己良心的活动；在人们已经成为公民和为自己设置了法律、法院和法官的社会里，是不可能有这种独立的。如果我们认为形成社会是对我们有利的，那么，放弃我们的独立就是对我们有利的事。我们的平等就跟独立不同，而且我已经向您证明，平等是最大福利的源泉。我们如果丧失了它，就要遭受极大的不幸。因此，不放弃平等，对我们将是有益的。

我想，只是在土耳其或某一其他专制国家才会有社会的必然从属与平等不能两立的现象。如果我的理性服从国家的共同的理性，如果我同意服从法律，如果我承认君主，并且也像其他公民一样拥护君主，那么，我为什么不能与那些和我有同样权利的人平等呢？您说说，莫非公务人员比您高吗？只要我没有发疯到甘愿给自己找个主人，或者给这个公务人员以压迫我的权利，使他具有强大的权势和使他的利益与我的利益分离开来的优势，我就要作否定的答复。但是，如果被我拥上法官地位的这些公务人员能够重视正确思想的最普通的规则，并只具有我也能占有的地位；如果他们也像我这样必须守法；如果他们违法时我可以惩治他们；如果他们的权利也和普通公民的一样，并得到我对制度的支持，以及只拥有暂时性和过渡性的权势，那么，我必须对这些公务人员表示的尊敬为什么一定会降低我的身份，而不是使我得到荣誉呢？为什么这种服从要与完全的平等对立呢？阁下，我知道我们需要抑制性政权，但是，为了使别人敬仰，公务人员完全不需要高尚、伟大和由此而来的权势。”

英国先生对我们的哲学家说:“也许是由于命运,最好的结论总是迟迟才来到我们的头脑。我决心放弃我方才所发表的一切见解,但有一个反驳不倒的证据,它证明人们在社会上不是预定永远平等的。比如说,不管你把土地分配得怎样平均,也不可能使共和国在不久的将来不出现贫穷公民和富有公民,而财产的不平等又必然导致地位的不平等。这是不可避免的命运;如果公布一些法律,强迫公民都有同样的智慧和机敏、同样的劳动兴趣和数量相同的子女,这是愚蠢的事。因此,土地在某些人手里可以多收成一些,而在另一些人手里则少收成一些;即使最初分配时相等,不久就会产生财产的不平等现象。随着时间的进展,一定会出现积累和分遗产的现象;我可以向您担保,两代之后,您在你们的共和国里就再也见不到平等了。但是,在法律中事先规定每百年重新分配一次土地,这可不可以呢?我可以奉告您,在这种情况下药比病还要坏。每到一百年末的时候,公民将会丢掉土地不种,也不希望自己保有土地。到处都要出现阴谋叛乱和结党活动,结果你们不是在缔造共和国,而是在破坏它了。”

我们的哲学家说,我来回答您,这种罪恶是大部分可以医治的,或者更正确点说,是大部分可以防治的。大家知道,斯巴达人过了六百多年完全平等的生活,而且您也不能否认,存续了六百多年的制度,只凭一股热情和一时幻想,或为了追求时髦,是不能建立起来的;它既然能够存续这么多年,也就可以维持一百万年。创造这种奇迹的莱喀古士的秘诀究竟在什么地方呢?或许他感到了您的反驳的全部力量,因而没有实行只会产生短暂福利的平分土地制度,而取消了他的同胞的土地私有权。他使土地全部属于共和国，由共和国分给每一户主，规定他们只有用益权[11]。后来，在斯巴达人中间出现了各种恶习；他们最后把土地据为己有，任意支配。这一极有害处的革命，毁灭了共和国和莱喀古士的法律。我认为，由此可以得到最有益的教训，认清私有制的性质，并作出我们只有在财产公有制度下才能得到幸福的结论。阁下，请您耐心地听我说来。

第　三　章

关于私有制的建立。私有制不是使人结成社会的原因。自然界要求人们走向财产公有。

我们的哲学家继续说：我已经充分地向您说明了平等的好处，而您的证明平等与财产私有制不能并存的论据又这样令人信服，以致我可以毫不动摇地认为这种不祥的私有制是财产和地位的不平等的起因，从而也是我们的一切罪恶的基本原因。柏拉图打算从他的共和国驱逐出去的诗人，比立法者和大多数哲学家更清楚地了解人们内心的感情的起源和发展。他们把没有私有制的幸福时期叫做黄金时代，他们明白“你的”和“我的”之别是引起一切恶习的原因。

真是不幸，听信哲学家的话的人，一个跟着一个经常重复说：没有财产就不可能有社会！人们真是为了保证自己享用财产而创造法律及其维护者的吗？人们所以互相接近，是因为他们赋有社会品质，是因为他们的需要号召他们互助和彼此服务。他们建立了国家政权，并以各种方法去关怀它，比如惩治罪行和复仇，清除一些私人的不公正行为，因为这些人的感情急躁，没有耐性，容易发怒，好嫉恨和报复，不能经常听从自己理性的忠告，往往滥用自己的权利去惩治敌人和复仇。当然，在人口增加和由渔猎得来的自然产品不足以满足居民需要的时候，就形成了社会。在这种情况下，人为什么会想到种地呢？只有生活需要在迫使我们工作。当时，土地没有任何价值和作用；根据史料，我们可以判断各族人民的起源，他们最初显然都是游牧部族。他们怎么能够有财产呢？既然社会在形成的时候没有私有财产，那么，为什么后来没有私有财产社会就不能存在呢？

当人口增加，人们终于感到必须有常住的房屋和耕田种地的时候，分割财产和建立财产私有权会是人们的最初的思想吗？我们在制定一种新制度时，头脑往往还受一切习惯的思想支配。因此，应当想到我们的祖先，为了生存得更舒服而不得不工作，并为共同的劳动而把自己的力量联合起来，正如他们在组织国家政权时已经联合起来那样。他们共同工作，共同收获庄稼。您可以看到，自然界多么明智地准备了一切条件来引导我们实行财产公有，制止我们坠入建立私有制的深渊。谈到我自己，我可以承认，我并不认为这种公有是无法实现的幻想，可是我很难猜想，人们是怎样建立起所有制的。我对此只有一个推测，可是它没有完全使我满意。如果我不害怕对祖先不敬，我一定要责备他们犯下了这种几乎是不可能有的错误。

我在旁边一直沉默到现在，但是，我觉得最后几句话十分奇妙，使我不能不打断我们的哲学家的话。我说：我很奇怪，没有使我感到一点搅扰的问题却使您感到搅扰。我们的祖先果真有过错吗？我们祖先必须克服和使他们有罪恶的巨大障碍究竟是什么呢？我认为，人们具有一种喜欢办蠢事的习性。我们藏在心里的贪婪和虚荣的欲念，不喜欢财产公有。只用这一点不就能说明上述的习性吗？如果这两种欲念在激起财产欲之前不如现在这样强烈，那么，它们最后也一定会使我们产生一种力量，以取得它们所需要的一切；如果我们的祖先没有犯下您所指责的错误，那么，这就出现了什么奇迹。

我们的哲学家回答我：如果自然界在创造人的时候，也像它赋予人以怜悯、愤怒、感恩和友爱等情感一样，使人具有贪婪和虚荣的心理，那么，您的话就是对的。但是，自然界希望人们幸福，所以它不赋予人们以最能促使他们不幸的这两种欲念是合理的。虚荣和贪婪不是不平等的母亲——如果可以这样说的话——而是不平等的女儿。为了论证在造物之初并没有这两种欲念，以及证明它们是私有制的结果，而不是先于私有制就存在的，只指出下述情况就可以了：在私有制建立之前，人们的财富只是一些很容易腐烂的果实，所以收集或栽培数量上超过所需要的果实是没有益处的。既然还没有财产，就不可能有贪婪。但是，私有制刚一出现，就在人们的心里播下了这种有害欲念的种子。公民对待他所耕种的土地的态度，已经不像从前那样了；他们忘记了公益，气量逐渐变得狭窄起来。出售自家消费不了的产品的商业开始出现。剩余的产品已经不是没有用处的东西，因为可以用它去进行交换。需要增加了，人们开始感到财富的好处。由此产生了贪婪的心理。贪婪发展得很快，日新月异地想出满足自己要求的新手段。

虚荣的发展经过也是这样。我知道，有一些哲学家认为，我们生下来就是彼此敌对的，人从开始呼吸起，就想发动战争，制造不和，互相奴役。我不想去多反驳这种荒谬的哲学，只打算提问一下：认为自然界给我们创造了只有靠损害别人才能得到幸福的环境的这个假定是不是正确呢？难道不是人人都对我们说：关心保全自己的感情一开始就完全控制了我们吗？为什么人们希望能够思维的人在冒战争的危险的时候不期望从其中得到好处呢？如果打算叫我相信在社会成立以前人们就是好虚荣的，那就应当向我证明这种欲念可以给人们带来什么好处，并要说服我相信下述推断不是不合理的：除了平等、自由和独立的思想以外没有其他思想的人，似乎不能产生统治、奴役和暴虐的念头。

如果认为在社会成立以前就有虚荣心，那么，更可以有某种理由说：以发号施令自满和执法自傲的公务人员，要沉湎于虚荣。但是我要承认，我很难相信这一点。这种虚荣心理怎么能与私有制建立以前的平等习惯相容呢？您可以看到，在一切有史可考的民族那里，贪婪总是先于虚荣就存在的。民族越穷，就越不倾向虚荣思想和暴政。为什么会这样呢？因为在穷人中间建立使公民毫不害怕公务人员的权势的行政制度是无比容易的；如果公务人员不一心一意地去做个淳朴的执法者，他们就会被人看成狂人。在这种状况下，向一切公民灌输爱公益的思想是最容易的事情；这种美德可以压制虚荣，只会引起竞赛和爱名誉的心理。虚荣以私有财产为前提。在追求虚荣的人出现以前，一定已经出现了享有特权的富人，他们的财产和地位同时就是羡慕和崇敬的对象。如果没有这些东西，一个人有什么值得感到虚荣的呢？人们究竟为什么决定去做那些为保证满足虚荣所必要的不公正和暴力行为，同时败坏和损害自己的大部分社会品质呢？

大概，在私有制还没有建立的时候，最容易使人履行义务，因为那时候最容易关怀人们的需要和满足他们的需要。据我推想，那时的公民分成小组，其中力量较强的人去耕地，其他的人从事社会所不能缺少的简单手工业。我认为到处都设有保管共和国财物的公共仓库；而公务人员，即使他们是国家的缔造者，也除了维持道德和向各户居民分配必需品以外，别无其他职权。

看来，这个黄金时代的幸福是被懒惰破坏的。或许有一些比他人懒散而少活动的人，只靠公共的劳动果实生存，懒得和不诚心为社会服务。他们的闲散无为（也和其他恶习一样）没有被制止，于是就发展起来。懒惰的人变成了同胞的负担，引起了他们的不满，从而导致共和国瓦解。如果这些推断还不能使您满意，我可以把最初的一些纠纷事件归因于公务人员的不公正，他们在分配食品或其他必需品时把好的留给自己，或偏袒了自己的亲戚或朋友。

不管造成这场有害革命的最初不满情绪是什么——我们的哲学家拉着我的一只手，补充说——您是不是认为无法消除这种不满呢？当时，欲念的顽固性和力量还不如后来这样大。要想清除懒惰现象，只有鼓励公民从事劳动，颁布刺激他们的自然本能的法律，这种本能命令他们争取他人的尊重和畏惧他人的轻视。为了不使认为给无益于社会的人工作是坏事的勤劳者抱怨，只要颂扬他们的功绩就可以了；人们因此可以把他们看成是善人和国父。如果罪恶的起源在于公务人员分配食品时不公正地偏袒了一部分人，那么，可以轻而易举地要求他们公正地办事。我们的祖先在施政过程中提出了数千种越来越简化的方法，而且它们都能同样地维持秩序。谈论这些方法是没有用处的，而想象这些方法也不困难，因为许多民族不管它们的欲念发作，都发现了给公务人员规定办事规则和使他们服从法律的秘密。

人们陷于愤怒、愤懑和复仇的感情，是缺少思虑的事。最勤劳的人们说，因为现在我们不能依靠土地的自然果实生存，我们双手的劳动是社会所必需的，所以最合理的是：使每个公民都同样参加劳动。只有一种消灭懒惰和惩治懒人的方法，即规定从今以后，土地的产品只归耕者所有，即只归那些所谓赋给土地以新的存在的人们所有。我们无法指望公务人员在分配食品的时候遵守我们所希望的公正不偏的原则。为了阻止我们所抱怨的罪恶继续发展，我们为什么不公布一项法律，规定每个人的劳动所得的收成都归己有呢？我们要平分土地；生活需要是一切法律中最有力量的法律，它可驱逐懒惰，产生力量、刚毅和勤劳；我们的执政者就将免除他们所不能完成的工作。人们没有看到自己所掘的深渊，而制定了分割土地这一有害的法律。

您打算用自己的诗一般的幻想来说服我吗？——英国先生开玩笑地说——您的这幅黄金时代的图画，只缺少几条流在平原上的牛奶河；如果您没有向我证明轻视严格的自然规律必然受到惩罚，我就不会因为我们被迫由黄金时代转入白银时代而伤心。如果我对您说，人可以有一点贪心，以推动他们行动，那么，您会回答我说，他们会不知不觉地把这种贪心发展到极点，我恐怕要说，您说得对。不管怎样，财产公有必然使社会发生某种衰退。那是怎样的麻痹！您担心懒惰这种最温和的欲念不会引起你们公民的不安，您是完全对的。他们为什么要去工作呢？谁也不会热心地去种地，土地在没有被财产利益激发起来的人们的手里，只会得到很少的收成，因为谁也不会像为自己那样热心地去为他人工作。为了按照您的原则去治理，必然缩到极小限度的社会将会出现一片什么可悲的情景呢？如果公务人员的唯一关心事项是征收土地产品、走访手工业作坊和忧郁不乐地分配衣食，那么，他们的工作可太无聊了。最后，如果不是所有的人都处于这种状态，那么，您不会预料到顽固地不想改变自己处境的人们，不久会被由于贪婪、虚荣而成为可怕的某些强邻所侵占吗？

阁下——我们的哲学家回答——如果人人都不需要财产，而且悲欢不以财产为转移，那么，请您相信财产公有不会使他们陷于您所害怕的麻痹状态。我不能设想，为了把田地种好，人们就得贪婪和吝啬。您的反对意见，对我说来并不新鲜，因为早就有人向我提过好几百次这种意见，我也好几百次地提醒过我的论敌：既然您不明确了解遵循自然界规则的人与远远离开自然界规则的人之间的差别，我们就几乎无法取得一致意见。不知道出于什么奇怪的谬见，他们把我们从教育中得到的情感与我们的自然情感混淆起来。我们的心灵从童年时代起就接受长辈的谬见和欲念，而且只有这些东西在刺激我们的活动，所以我们养成一种习惯，把它们不合理地看成是自然本能。现在，我们能够用一切恶习来代替一切可以使我们兴奋和活跃的东西；而那些曾经起过发动作用和吸引我们黄金时代的公民注意的动因，使我们仍然无所作为。现在，我们用卑下的利益的秤来衡量一切；我们的悲欢以我们的得失为转移，但是没有贪心的人，却有别种悲欢的源泉。

您可能说，谁也不会像为自己那样努力地为他人工作；这是任何时候都驳不倒的真理。但是，谁向您说过一个收成超过自己和家庭需要的勤劳不倦的农夫不是为自己而工作的？阁下，如果法律能够嘉奖和表扬他的劳动，他会真正为自己而工作。即使在我们的道德已经十分颓废的时候，我们仍然可以看到一些人能够博得同胞对他的尊敬，从良心上感到自慰，认为献身于公益就是为了自己的福利而工作。为什么财产公有就不能创造英雄呢？我们都十分喜爱活动和勤劳；我们在适应自然界的意图时，有义务这样做，以便不被他人轻视，并体会他人的尊敬给自己带来的快乐。阁下，请您放心。但是，如果我被迫承认在实行财产公有后，收成还不如使若干地区荒废的所有制时丰富，您会由此得出什么结论呢？我认为，对于人类来说，即使为善不多，也比追求多量果实为佳——这种想法未必不合理性。有人问我说：人口将会怎样呢？我回答说：与其叫地球上住着无数的过野蛮和贫困生活的不幸者和奴隶，倒不如只有一百万幸福的人生活。但是我要补充一点：如果人们始终不曾建立私有制，土地会被人们种得最好，住满最多的居民。难道幸福不能促进人口增加吗？到那时候，不会再有消灭自己的居民的政府。

您向我说过，必然要把户数限制到不大范围内的社会岂不将会呈现一幅可悲的图景？我也可以问您：难道那些相互联系很差的各部分互相冲突、彼此摩擦和不能形成正确活动的机体的幅员广大的国家就是一幅愉快的图景吗？这时，一部分公民因贫困而变得迟钝，而另一部分居民则因富裕而变得糊涂。人人都在日趋衰弱，饱食终日，无所事事，最后灭亡。人们只能做一些为时很短的忙乱的事情;他们希望试一试自己的力量,可是感到自己软弱,最后,长期的衰落预兆着永远的灭亡。自然界在赋予我们如此无力的知识以后,还严格限制我们的注意力和警惕性,难道它没有教导我们,我们完全不是注定来建立大帝国的?阁下,请您原谅人数尽管很少的善良和幸福的人,在哲学家的眼里并不是毫无意义的事物。我认为这种大型社会是可笑的社会,它们一贯犯错误,没有学到任何经验,经常希望医治自己的病患,但却做着只能加剧病患的事情。

您可能说,对于公务人员来说,检查每个公民履行交给他的工作的情况,把土地产品和其他家庭必需品收集在仓库里,保管并平均地分配出去,这算得了什么工作呢!实际上,没有比把公务人员变成监工、土地管理员或房主更庸俗无聊的事情了;毫无疑问,有很多理由不让我们的公务人员负担这些无聊的工作,而把他们的职务高尚化——使他们必须不做任何这种庸俗的工作。当然,您可以说,贿选国会议员、研究每个人的价格并按他们所值的价格出钱的公务人员,具备有理性的人所崇拜的一切才能!供给别人吃穿,真是荒唐的事情!最好是虚报破产或玩弄奇妙的骗术来掠夺公民,并靠这样来给自己取得快乐。您看,才智表现在怎样幸福的妙想里。阁下,请您原谅,我这些都是过火的笑谈。我也要郑重地问您:在公务人员的工作中,有比关怀居民饮食还值得重视的工作吗?为了使我们每天需要的这种似乎可以轻视的食物不成为纠纷和不睦的原因,必须关心饮食工作。

最后,认为在财产公有的条件下,公务人员的职能似乎只应限于分配衣食之类的简单工作是不对的。显然,在人们中曾发生不睦，为了消除这种不睦，我们不得不建立国家政权、法律和政府。于是，我们的社会品质开始与某种恶习接近：怜悯与软弱、竞赛与羡慕、享乐与淫欲、自豪与吹嘘、爱休息与好懒惰等等接近。我们总好产生谬见，为各种诡计所包围，所以经常需要法律来保护我们。难道时时注意遵守法律、听取我们的要求以便作出更有利于我们的规定或取消失慎和仓促定出的法令的公务人员能够考虑一些琐碎小事吗？在最不显著的罪恶行为中，必然藏着较大罪恶的根源，要在它得到发展以前就消除掉。既然要用法律来支持我们的已经动摇的理性和脆弱的道德，那么请您相信，公务人员始终要有重要的工作。即使他们都变成了我们同胞的管家人，您又有什么可惜的呢？如果社会组织得十分合理，它的公务人员不必终日操劳，不会发生任何不安，难道能说这是很大的不幸吗？假如在大国里，公民被他们所憎恨的法律所束缚，利用本国政府的强大去做坏事，麻痹政府的警惕性，最后把自己的一切恶习都传给政府，难道您更喜欢这种国家吗？

我不明白，没有脱离我认为可怜的原始状态的社会为什么一定要遭到得以早日脱离这种状态的相邻部族的侵占呢？为了使您安心，我给您引一段柏拉图的话，请看，苏格拉底是怎样反驳您对我提的异议的。他对哀地孟德说：“请您不要为我的共和国担忧，由幸福的人们组成的穷人军队是不可战胜的；它能打败数量多于它一两倍的富人军队。难道经验没有告诉我们，沉着的战士总是可以战胜散漫的战士吗？我们不是孤立无援的，我们可以向邻国呼吁，告诉它们，我们既不要金银，也不要胜利，如果它能帮助我们战胜我们的敌人，我们将把得自敌人的财物都送给他们。他又说，难道您不认为这类建议将被拒绝，他们宁愿去责难那些贫穷而刚毅的一伙而不去与他们联合起来去反对那富足而享乐的一群人吗?”阁下，凡是不因败坏心灵的贪婪而把金钱视为战争与和平的神经的人，都是这样认为的。如果苏格拉底不得不在没有勇气、纪律和道德的国家里说这番话，他也要继续这样认为；而且希腊并没有忘记波斯王薛西斯率领全部大军在攻打拉栖第蒙①和雅典的城市时遭到失败。

最后，您所害怕的你们邻人的虚荣、胜利和军队，只会使你们的公务人员提高责任感；他们一方面关心怎样成功地击退某些跃跃欲试的和怀有野心的部族的侮辱和进攻，另一方面又加强您所轻视的烦琐的经济工作。阁下，你们的法律是很伟大的；你们的制度能使你们的所有公民都成为英雄；他们将由米太雅第〔12〕、忒密斯托克利〔13〕、李奥倪大〔14〕这样的统帅来指挥。即使没有像莱喀古士这样的立法者，新的共和国也会比拉栖第蒙美好，因为它的治国原则与自然界的意图毫不悖谬。如果我认为良好的政府和明智的法律是使国家不受敌人侵略的最好保障，这难道能说我错了吗?欧洲啊，如果您能够知道您创造了一些缺德的公民，并感到不能期待他们做出伟大的事业，您不觉得羞耻吗！请您研究一下那样多的民族为什么衰亡了，从历史上可以找到这种原因；您会看到，衰亡的罪过完全不在于他们的军队太少，也不在于他们的贫穷，而在于他们的政府有某种缺陷。难道斯巴达的灭亡是由于它只有三万士兵，完全没有黄金和大片领土，而不是由于它不再按照它的立法

① 即斯巴达。——译者

者的规定去生活而来的吗？当您想起罗马人在他们要去征服世界的时候是多么衰弱；而在我们的古代同胞几次使罗马人衰微的时候，他们又是多么强大，是怎样的伟大；你一定想相信国家的财富一点也不像现在的政策所认为的那样重要。

重邻轻己是冒失行为，只要您不模仿他们的狂妄，他们不明智，对于您有什么关系呢？如果你们希望得到可靠的盟友，没有可怕的敌人，你们就尊重自己的公正、贫穷、节制、恒心和勇敢吧！现在我要问您，财产公有的共和国愿意奉行以财富自傲的国家的政策吗？这些国家由于富有，能够为了保护自己而只武装一群可怜的败类。现在，哪里有能以三万斯巴达人防御敌人的国王呢？可见，小小的斯巴达岂不是比现在的最可怕的君主还强大得多吗？如果我们现在的一些薛西斯在任何事情方面还不如以前的薛西斯，那么，他们到处都会遇到萨拉密斯岛[15]、布拉的城[16]和密卡勒角[17]。

我不害怕财产公有会使公民不关心国家的命运。人们越不忙于自己的财富、豪华和享受，就越能关怀公益；他们似乎可以忘记自己，而只爱护法律，因为经验证明这一点，而理性又证明经验。如果我没有任何财产，并由政府得到我所需要的一切，那么，您会相信我将爱自己的祖国，因为我的一切都有赖于国家。我们不要自己产生错觉，以为财产把我们分成了两个阶级：富人阶级和穷人阶级。富人阶级向来重视自己的财产，轻视国家的财产；穷人阶级绝不会爱护使他们不幸的政府和法律。我们共和国的公民将会拿自己的状况与企图奴役自己的敌人的状况比较；他们为自己的平等自豪，热心保护自己的自由，并且相信被异族统治时将会失去一切，而他们的失望将会为他们的一切美德增添新的力量。

第　四　章

恢复已被破坏的平等时所面临的不可克服障碍。在我们所处的事物秩序下，立法者应当慎重地尽自己的一切力量去反对贪婪和虚荣。

这一切我完全明白——英国先生忧郁不快地说——您是迫使我为欧洲而战栗。我希望跟您谈一谈法律，并向您请教，什么法律能够使我们幸福；我怕您只向我证明我们处在无法自拔的深渊。在多少世纪以来周而复始地出现这一连串的蠢事和恶习之后，政治怎么能够纠正这些错误呢？我知道，您对自己的原则是不会动摇的。您决心要恢复平等，并仿效柏拉图的办法，用财产公有来巩固这种平等……

请您不要怀疑——我们的哲学家激烈地反驳说——如果我能够粉碎使我们的理性误入歧途的偏见，如果我能够从我们的心里把奴役心灵的强有力欲念清除，我就一分钟也不会在使人们回到完全平等的事业面前动摇。如果我有可能，我就对你们颁布比柏拉图的法律还严格的法律；顺便提一下，这是因为我不满意这位打算向我们指出完美的共和国图景的哲学家，由于不敢对普通公民实行他认为应当对统治者实行的政策，而在自己的思想方面遭到失败。不错，他曾经想过，为了使公务人员和士兵都能完美到他所希望的地步，就应当叫他们不为贪婪和欲念所迷惑，从而不应当使他有任何财产，并由社会来供养他们。他甚至害怕家庭利益或血缘关系使他们玩忽职守，于是把自己的明智和慎重发展到极端，而为他们规定共妻制度。我想，这是我们的淫荡生活可能援引的唯一法律。

如果柏拉图在为公务人员和士兵创造这种环境的时候，指望这种环境能产生若干优点，那么，他为什么不在所有公民中实行财产公有制度呢？这对他说来并不更难。我知道，他在一个地方说过，为了判断共和国的幸福，只观察国家的执政者和保卫者的性格与才能就可以了。但是，我认为可以问他：为了判断公务人员和士兵的性格与才能，应否考察公民的道德呢？柏拉图希望他认为应当管理国家的哲学家们应为国务操劳，希望他们响应同胞要求治理的号召。至于我自己，则希望具有私有财产所产生的各种欲念的人厌烦柏拉图费了很大力气从其执政者和兵士身上收集来的美德。柏拉图自己承认，他的共和国将遭到其他国家所遭到的命运，经过多次骚乱之后，他的聪明睿智的哲学家们将会举行起义，反对国家，相互间商议分配土地，把其余公民变成奴隶。柏拉图在寻找这个宿命的衰败的原因时，使用了相信命理的占星术，我对这种占星术没有深刻研究。但是，不要把罪过归咎于星宿，也不要认为在发生某一革命之后星宿就不能再创造可以研究哲学的人了，而应当问一问把柏拉图的公民在分得财产后产生的和不知不觉熏染了执政者与士兵的恶习归咎于这种恶习是不是更容易和更合理呢？

有财产的人将要重视财富，养成由于富裕而产生的恶习，并轻视依靠社会生活的哲学家，这难道还不是很明显的事吗？人们在

供给他们以朴素的生活时，将会认为人们给他们所做的事情太多了。他们把哲学家看成是共和国的沉重而累赘的负担；他们将认为哲学家是佣工，他们不仅不应当服从于哲学家，反而应当要求哲学家温和谦逊。把自己的时间用于英明策划的执政者越能严格地在为政过程中遵守英明策划的规则，还没有达到这种高的思辨的人民就越要认为他们不会感到公正和必要的严格法律是空想。也像对公务人员那样对普通公民建立财产公有制度后，本可以轻易地建成自己能够得到永久生存所必要的一切资料的共和国。但是，柏拉图忽视了这一重点，所以在他的公民的心里，一定要出现各种欲念。尽管这些欲念在初生的时候是胆怯的，但它们却一心要消灭反对自己的法律，并取得势力。它们给人们造成了意见分歧、纠纷和动乱；被大量的舆论和习俗所迷惑（如果可以这样说的话）的公务人员一感到自己的哲学不能战胜公民的恶习时，他们的警惕性就会减弱。他们本身虽然没有受到星宿的影响，但要开始厌恶自己的美德，后来又开始习惯于恶习，甚至爱起恶习来（至此需要很长时间吗？），而国家不久就要灭亡。

我们现在不谈柏拉图；阁下，请您不要吃惊，我想建立一个比柏拉图的共和国还要完美的共和国，可是我没有建筑这所房屋的材料。如果我要建议高等阶级的公民放弃自己的特权，与国内的下等阶级融合，您以为他们会怎样对待我的建议呢？显贵们的愤懑的虚荣，是他们的唯一重要的欲念。我可以作出判断，并得到证明；但我的判断将是无用的，我的证明也将白费力气。我本来建议他们享受幸福，但人们轻视幸福，并准备为保卫尊严而牺牲，他们常常为此累得精疲力竭，但一直有人为此而努力。如果这次失败没有使我灰心，我又想以重新分配财产的办法来恢复平等，并认为纠正吝啬比纠正虚荣容易，那么毫无疑问，我将被人称为疯人，而且不久就得承认贪婪并不比虚荣容易克服。有人说，每个人都只有一个占统治地位的欲念；但是请您相信，他们其实都有两个势均力敌、同样牢固和结成永久同盟的欲念。您是富人吗？您希望也成为显贵。您是显贵吗？您希望也成为富人。您是又富又贵吗？您希望更富和更贵。

阁下，我甚至可以对您说，还有一桩更令人难解的事情。即使辞令和证明的力量——请您原谅我提出一个可笑的假定——能够创造奇迹，并可以迫使显贵和富人同意与他们所轻视的人完全平等，我也不能知道不富不贵的人是否同意如此，或者他们能否至少怀有适应新环境的情感。这完全不是笑谈，因为在几乎整个欧洲，他们一直处在卑贱和贫困的地位，以致不愿意与显贵和富人为伍，或因此感到耻辱，而在跟这些人在一起的时候，又必然感到受窘不安。有些卑贱的人甘心承认自己低微，一接近地位较高的人就感到荣幸，以致能够不惜任何代价，以卑躬屈节去换取为他们效劳和得到他们偶然垂青的荣誉，您从来没有遇见过这种人吧？在人们当中，常有厚颜无耻的行为出现，而且完全缺乏平等原则。我已经指出过好几百次，甚至以自己的见解公正和有力自豪的人，也往往被伟大和富贵的光辉所迷惑，并且无意之中又回到他们按照命运的意志去生活的状态。

当显贵们希望不贵的人丧失自己的尊严的时候，他们是对的。每个国家在建立的时候都有能够促进平等的法律；但到后来，所有的国家都在公民之间建立了侮辱性的差别，并使某些公民享有了

特权。虽然富贵和名衔最初并不是很大的，但它们毕竟能够使大多数人服从于自己：富贵和名衔有多么大的权力呀！请您想一想，罗马的平民用去了多少时间去解决与贵族共同治国的问题。但是，那时候的人民还没有像现在差不多整个欧洲的人民这样要求他人重视自己的习惯。塔尔克维尼乌斯（Tarquinius）的被逐出境，鼓舞了人民更加爱惜自由；人民热望自己只服从于法律；他们支援了能够振奋他们感情的持久而顽强的战争。这些不幸的平民在想到且不说去贬低显贵，而只是保卫自己之前，由于显贵们对他们的虐待能得到什么呢？最后，被显贵的暴政折磨的人民前往圣山[18]。他们本来有足够的力量去消灭自己的敌人，至少去恢复法律所给予他们的平等，但是，由于对敌人怀有某种崇敬，而没有进行复仇，并因为自身不再受压迫，而满足了他们的虚荣心。受托保卫人民安全的公务人员，没有什么与人民不同的地方，他们应当打开元老院的大门，谦逊地接待人民。这些意识到自己的力量和希望提高本阶层的身价以巩固自己的政权的执政官们，要想使平民们认识平等原则有什么困难呢？即使群众有时集合在公共场所骚动，即使他们高声控诉，即使他们似乎要夺取政权，都不必害怕！盲目而模糊的本能、习惯的恶果和某种羞怯心理，抑制了平民的行动，并且不知不觉地这种本能把他们的骚动平息下去。应当使他们逐渐地习惯于人们希望具有的虚荣，而如果突然有一天他们得到了与贵族共享手执棍束的权利[19]，也得过两个世纪以后才敢享受这份荣誉。

各国人民的历史都证明我的论断是对的；阁下，贵国的历史也证明这一点。你们的清教徒领袖[20]希望在王国和你们所习惯的祖国的废墟上建立真正的共和国，但遭到了人民的不可克服的反抗！他们认为起义是合法的，拿起武器去消灭营私舞弊，但不能下定决心改变国家管理的基础。在一些似乎能够给你们的民族输入新的精神，并给它制定新的法律的事件发生之后，你们仍然原封未动。为了恢复平等秩序，人人都有责任，但谁也不敢与地位比他高的人讲平等，于是你们又习惯地去求助大宪章[21]。人类的智慧和心灵所经过的道路就是这样。立法者根据什么标志来判断人民还能否适应自然界的意图，以享受自然界给予他们的平等的幸福呢？当人们的性情谦逊到穷人安于贫穷、富人不认为财富有任何好处的时候，当美德比名衔和财富更受尊重和有用的时候，当按照勤恳廉洁的标准授予官衔的时候，人民才能够享受平等。

您知道，我对你们没有抱很大希望。如果你们想奠定完美的共和国的基础，那么我建议你们——我们的哲学家笑着补充说——到美洲和非洲的大森林里去找自己的公民。这些地方的不幸野人完全没有知识，还不会种地，不会饲养家畜，没有常住的居所，今天不想明天的需要。他们经常不能相信自己的命运，经常苦于不能解除饥饿和得到休息，经常忙于打猎或捕鱼，所以没有时间去考虑如何摆脱贫困的问题。但是，什么力量在推动他们的一切精神活动呢？他们的恶习和偏见不会像我们的那样，使他们奢侈豪华、娇生惯养、安逸享乐、追求虚名、羡慕虚荣和贪心不足。我们能够建议他们实行什么样的超过他们力量的改革和制度呢？

迫使这些野人从事有益的手工业，比叫我们放弃多余而没有用处的行业容易。我认为在他们的这种处于萌芽状态的社会里有最完美的平等。这种平等不容许部族酋长和家长之间存在任何差别。一个人成为酋长,是因为他比别人勇敢;而如果有人超过了他,他便不再是酋长了。这些种植木薯的人民,还没有用渠道、篱笆或田界把自己的田地分开;他们的妇女种田,共同耕地、播种和收获。他们的成年男子虽然不必依法把狩猎来的东西分给村中的居民,但如果他们不这样做的话,则必然遭到别人的耻笑,说他们自私。他们十分好客,在招待过路人时,可以毫不考虑地用掉他们所有的一切。甚至有人说,在美洲的佛罗里达地方,某些种植玉蜀黍或木薯的部落,把收获物都送入公共粮仓,每个家庭都按照规定的制度从粮仓领取所需的食物,而不贪图多要。这是多么难得的建立财产公有制的爱好呀!在俄亥俄河或密西西比河两岸,就是柏拉图能建立起他的共和国的地方。可是十分遗憾,当我们把自己的恶习和偏见传给这些人民的时候,竟以为是给他们带去了文明哩!

说实在的——英国先生向我们的哲学家说——我也跟您一样,对欧洲的改革很感失望。但是,当我想到命运的变化无常,特别是我们思想的波动和幻变的时候,我就觉得我们能够做到一切,但有时某一件小事就足以使我们陷入似乎离我们最远的极端。我不想说您不会知道某一地区将来怎样建立您不敢再指望的平等和财产公有。您可以记得,在查理一世统治时期的一些使我们很兴奋的动乱中,出现过一位狂信者[22],他除了发表宗教的狂想以外,还发表了最明智的道德思想。这个人没有受过教育,是一个普通的手艺人,但有其独特的辩才,有很强的想象力,相信自己经常与上帝来往。他宣传和平和爱他人的思想,并把您的政治平等当做自己的宗教的教义。不久,他就拥有了大量的信徒。这些信徒认为自己也是像他们师傅那样的预言家，轻视世间的福利，以大公无私为怀。他们可以毫不费力地进行最严格的克制；他们不希望尊重任何人，无论是地位高的，或是地位低的；他们不向国王致敬，用“你”来称呼国王，就像称呼城市的下等脚夫一样。

如果给这些热心家一个海岛——要知道，有一位皇帝也曾想给柏拉图的信徒们一个海岛，叫他们在上面建立他们的导师所设计的共和国——我毫不怀疑他们可以恢复财产公有制度。除了严格遵守自己的最初教义的教友会士所建立的，并被他们称为东卡尔或敦普列尔的爱弗拉特城以外，还需要找其他证明吗？一切东西都属于这个幸福城市的全体居民。他们不知道财产、富贵、名位和官衔是什么，一句话，凡是能够破坏最完美的平等的东西，他们都不知道。据报告的材料说，每个人都以狂信所产生的热情严格地执行自己担当的工作。土地的产品属于公有，它们是共和国的财富和全体公民的财产。东卡尔的成员经营各种手工业工场，他们所操的行业不仅能满足他们的需要，而且可以进行小规模的对外贸易，以便向邻居换取他们没有而为邻居多余的有用物品。

十分遗憾，当查理二世把这一带土地让给威廉·潘恩（William Penn）[23]从此改称宾夕法尼亚以后，教友会士的狂信减弱了一些。最近二十年来，我国和德国南部的启示会士（Illuminat）跟随他们的领袖前往那里。有了这么多人民以后，潘恩的虚荣心得到了满足。为了开发荒地，他不得不用财产公有的诱饵，招募一些没有知识的人到那里去。在整个宾夕法尼亚，任何一件事情和问题，您会看到，都根据爱弗拉特城的原则处理。迄今没有出现过的事情，过些时候是会产生的。请您期待……

您给我提供了最好的材料！——我们的哲学家说——我也衷心希望，但坦白地告诉您，我是不太重视从无知中摸索出来的方略的。我们不谈寻找没有益处的真理的教友会士。未能被他们用去建立合乎理性的共和国的平等，对他们有什么用呢！他们认为以力量对付力量和反击企图消灭我们的敌人是犯罪，只能在外国的庇护下维持生存，从而经常受到被灭亡的威胁。真是一个可笑的社会！即使狂信分子们有一天能比教友会士获得更好的成就，也不管他们已经取得了什么成就，我都很难相信狂信分子的制度是由英明的立法者创立的。

如果平等不复存在，如果公民已把土地分割，如果财产公有制度不能恢复，那么请问：立法者应负什么责任呢？他一定要学习被强大的逆风打离航线的舵手。他不能屈服于风的狂暴，要曲折前进，把船帆的位置定得能够使航程最短。在一个国家里，财产私有所产生的欲念，正如海里的大风。您不能放纵它们，它们在勾引你，你会因此而灭亡。但是，舵手和立法者之间有所不同，前者服从于天气的变化，不能控制风暴，而后者则是像涅普顿[24]的维吉尔(Vergil)，如果他喜欢的话，可以把阿克维龙[25]与波烈阿[26]结合在一起，兴起吉菲尔[27]吹动波浪。但是，如果直截了当地说，当用来消灭欲念和维持宁静的法律本身就引起经常性的风暴时，人们的命运将会怎样呢？

要想了解自然界的意图，据我看来，立法者应当深入到人们的内心，查明内心的所有角落，揭开内心的一切秘密。要想知道怎样克服我们的不幸，立法者应当研究我们的欲念的来源和演变，研究它们的奇怪的念头，查明它们能够如何发作，以及怎样能够克制它们。我以为财产私有给我们带来的第一个欲念就是贪婪;如果我没有说错,那么,我们的一切恶习和不幸都是由此而来的;因此,必须控制住它。但是,这种疯狂的欲念在斗争中却越来越有力量:人们越害怕它,它越厚颜无耻,并且总是占上风。在公开的斗争中,立法者难于战胜它。因此,立法者应当使用机智和巧计;我从这个原则中得出的第一个结论是:应当把国家一旦建立起来的私有制度看成是秩序、和平和公共安全的基础。

第　二　篇

第　一　章

在建立了财产私有制的国家里，消灭贪婪或至少防止由此产生的部分罪恶是法律的必要性质。

我们已经到了树林边上——我们的哲学家说——坐在草地上休息一会儿吧。在我们漫游了塞纳河两岸的广阔田野之后，面前出现了这片细长的地带，这块狭窄的川地，差不多整个峡谷，以及布满我们面前树林的山坡，真使我们赏心悦目。我们好像搬到底比斯沙漠[28]；我们与整个世界隔绝了。我的房子没有建筑在这里，但我非常喜欢来到这里冥想。在没有人烟的地方，不为任何东西所吸引的心灵容易舒展，而且没有疑问……

不错，确是很好！——英国先生愉快地说道——可是我没有忘记您对我说的社会的两个可怕敌人——贪婪和虚荣，并且急不可待地希望知道您想采用什么法律来克服和战胜它们。

很好——我们的哲学家回答说——我开门见山地对您说吧，如果政府多少有点贪婪和偏心，它的公民必然或多或少地崇拜财富。从这个第一真理中可以得出什么结论呢？如果法律不使国家财富减少，它就无力抵制贪婪及由此而来的恶习的出现。莱喀古士的基本法律就曾经如此。即使他所建立的共和国的繁荣奠基于财富，我也希望那些因为不能理解他的英明而敢于诽谤他的人士能够对我说：应当采用这位立法者的立法，以便使公民重视自由、祖国、名誉、公正、节制和克己，而不重视许多其他的或许更使人愉快的东西。两个国王、长老们和监察官们[29]，即这个富强共和国的执政者们开始怀疑自己的生活如像法律规定的那样简单是否应当。他们经常受到诱惑。他们能够在六百多年间不为诱惑所迷吗？如果国家富庶，他们一定会产生需要。我方才对您说过，在柏拉图所构想的共和国里，公民的恶习一定要败坏执政者，而且我可以打赌，在斯巴达这个共和国里，执政者的腐败堕落必然会传染公民的。

如果我们想使执政者公正，就应当使国家的需要不多，而为了使执政者更习惯于公正，就应当使法律不给予执政者以可以比其他公民有更多需要的条件。因此，在比其他国家更能遵守这种规定的瑞士，公民也就更为幸福。据说，伯尔尼州有州有官产，或者至少有人知道，它在外国有大批存款。我认为，不把希望寄托在美德的作用上是不明智的；或许瑞士共和国有一天要感到惋惜，觉得它为自己制造了贪婪和纠纷的根源。但是，这种财富为什么在瑞士没有带来它在其他任何地方所产生的罪恶呢？这是因为该国的需要较少，只用一些简单的物品就可以满足，政府没有以税收勒索人民和耗尽国库资财的可能；因为活动受到限制的政府，在国家的需要有节制的条件下，不可能使财政管理发生混乱；因为受到取缔豪华法律限制的执政者们，要想使自己幸福，并不需要积累大量财富；因为政府在需要不多的条件下一直会感到富裕，易于保持原来的习惯，即执行自然界的使命，施行德政。在其他地方，国家在使公民破产；而在这里，国家援助遭受损失的公民，帮助公民重建被火烧掉的住宅，对不幸遭到雹灾和其他天灾的农民补助他们所受到的损失，把由于贫穷而不得不蹲在家里挨饿的贫困的居民送到海外去谋生。

由此可见，法律只促进建立简单的需要和习惯时，可以形成一种能够预防或制止贪婪所造成的破坏的制度。如果这种淳朴制度消失了，我可以向您保证，想用来代替这种淳朴制度的法令，不会获得任何成果。共和国的过度需要不能与朴素生活长期结合。请您相信，为了满足自己的需要而不断修改法律的执政者将必然被推翻。由此可见，凡是用来增加国家或其执政者的需要的东西，按它们的本质来说，都是罪恶的东西；相反地，能够减少需要的一切法律，都是济世救民和英明的法律。如果想叫公民只安于低微的福利，而让政府有豪华奢侈和富丽堂皇，这是一种不合理智的想法。人们夸奖罗马历代国王所修建的豪华公共建筑物，说这种壮丽是共和国肩负伟大使命的预兆；但是，这种壮丽为什么不能同时是它衰亡的预兆呢？贵族看到神殿和王宫之后，怎么能不感到自己的住宅太小和不舒适呢？在他们的心里，开始产生他们从前没有的愿望和需要。一种反对本国政府政绩并几乎要使成长中的共和国遭到毁灭的贪婪心理逐渐发展起来。在爱祖国和爱祖国的荣誉的幌子下，贪婪利用一切情况来使罗马走向豪华奢侈的道路，它轻视旧法律和某些好心人打算用来维持摇摇欲坠的共和国的新条例。

立法者的艺术在于减少国家的需要，而不在于增加便利于满足国家需要的收入。我知道，正直廉洁的执政者只能依靠节约来增加国库的收入；人们都夸奖他们，我也想对他们的廉洁和才能表示钦佩，但是不同意他们的看法。他们没有预料到他们的继承者将不学习他们的美德，以及恶习将会滥用他们的不良实例。日益富裕的国家将逐渐感受不到节约的价值；它们重视金钱，并教导公民爱钱；最后，不得不损害国家来满足他们的需要；其实，他们本来可以容易而迅速地教导公民不增加需要。随着贪婪程度的增加，贫富的距离越来越大，而试图颁布法律来抵制经常伴随贫富现象的恶习的迅速增加，也将徒劳无益。

拟定提高国家收入或国库权利的任何办法，都是具有毁灭性后果的；国家不应要求金钱，而只应在任何时候要求服务。因此，只要知道一个共和国的任何一种税制的历史，就足以了解终于要使该国衰落的灾难的历史。因为随着私有制的成立，便建立了一个危险的原则——没有任何东西是无代价的，——又因为国家需要收入，所以准许课收直接土地税的法律至少是不能破坏的。我要求实行这种税的原因，并不是由于其他一切赋税对人民压榨得更厉害些，也不是由于已经证明以其他方式课收的各种赋税始终要落在土地占有者身上。这些美妙的推想对我的关系不大，但是使我痛心的是：没有财产的人也要纳税。我认为，我把自己的双手、劳动、血汗献给国家以后，国家还用狡猾的欺骗办法夺去我由耕种或由保护没有我的一点私产的土地而得到的一部分收入，这是不公正的。由于这种不公正行为，我的祖国开始不被我珍重，使我陷入人生的最可怕的耻辱处境——贫穷。您可以看到，直接土地税会经常提醒政府和公民注意他们彼此之间的需要；与此相反，间接税可以使执政者获得成千上万的借口和办法，来满足自己的欲念和欺骗人民。由于税务工作复杂，征税办法就成了罪恶难于被人揭发的内心秘密。最后，公民只因为社会在他们的帮助下得到幸福而遭受压迫。

许多欧洲强国由于奉行了相反的原则，而使自己债台高筑，不得不靠借债生活。阁下，我们在这里要使自己自由发表意见——我们的哲学家接着说——如果我向您指出贵国政治中的某些缺陷，您也不要感到不好。你们的与四邻隔离的岛国，很容易使敌人不能接近，有肥沃的土地赐予你们以丰富食物。请问，在欧洲大陆还没有发生纠纷的时候，你们的情况怎么样呢？您为什么认为必须珍贵这种如果没有你们也会维持得很好的均势呢？你们到印度和美洲去有什么必要呢？你们的祖先没有这些东西也长期地生存下来了！你们还想发财致富；请您说一说，欠债而致富是值得的吗？使贵国政府节制的法律，比你们的金钱和银行对你们还要有用处。你们希望国家富强，可是只使一部分人发了财；这部分人因财富增加而产生的需要日益增多，以致谁也不能满足于自己现有的财产；如果不增加财富，每个人都认为自己要破产。一切都被金钱所支配，你们的法律不再能消除你们的政治疏忽所造成的混乱。

因为一国的执政者的需要，一般比任何其余东西都能增加国家的需要，而执政者的生活习惯又决定着整个社会的生活习惯，所以我希望财富不要创造使人参加治国的权利。如果你不重视这一点，人们就会吝啬到愚蠢的地步，去设法发财致富，以便能够有资格去治国。我最希望的是：颁布一项法律，规定参加治国工作与由此得到的任何报酬没有联系。罗马养了一批从塔尔克维尼乌斯的压迫下解放出来的雇佣兵，但是，如果罗马以后向执政官、独裁官、保民官和监察官支付薪金或行赏，将永远也建立不了自由的制度。为什么罗马共和国的人民比我们现在的各国人民勇敢、无私、高尚、坚忍、爱法律、爱荣誉、爱自由、爱祖国呢？我认为，利用月桂叶或橡树叶比利用金钱还能使人成为英雄。平凡的人们只认为治国是履行义务、克服困难、关怀人民和注重荣誉，所以不敢去图谋这种工作；罗马人的力量和伟大就是由此产生的。如果他们也知道我们今天的报酬、恤金和利润，那么，每个爱钱的公民都要认为自己应当充任执政官或监察官。他们将会设法去达到这一点，并在这方面广泛使用阴谋和贿赂手段。他会达到目的，而他的成功就会证明那种功绩是无益的。不难猜想，那时罗马将会变成怎样。如果这样，一些正直的人作了某些拯救共和国的努力之后，也要放弃治国的工作，而去在幽居中寻找幸福。阁下，您知道没有美德和才能的执政者是些什么样的人物。

我不是不知道有些高论在反对我对贪婪和偏见的看法。他们说，任何劳动都要得到报酬；我认为，这是奴隶的说法。他们还说，公务人员放弃了自己家庭的工作，所以由国家来报答他们是公正的；我认为，这是管家的口吻。如果叫公务人员担负过重的工作，这是共和国的过失；共和国要把公务人员的工作规定得使他们轻松愉快。在公务人员方面，也可能有错误。即使他轻视自己的私人利益，但不能得到同胞的颂扬和尊敬时，法律也将认为他没有资格充当公务人员。但是，有人又转弯抹角地反驳说，公务人员应当生活得体面一些，具有一定程度的奢侈和华丽；您所说的代表职责不就是这样吗？——我们的哲学家忍着笑对我说。只有庸俗腐化的人才会这样说，在他们的眼里，仆人、华丽的服装、马车、宅邸和漂亮的桌椅，比他们的职务重要得多。为使全国人民不沾染这种庸俗的观点，法律必须采取措施，不准许公务人员的需要多于普通公民。扬·德·维特(Joham de Witt)带着一个年轻仆人到海牙去，只用一支蜡烛照明，难道他的同胞和欧洲的强大君主们就因此不尊重他吗？如果他的马厩里有二十匹马，前厅里有三十名仆人，这就能增加他所享受的荣誉吗？如果联省共和国的这个基础，即生活俭朴不复存在，我很想知道由此会产生什么后果？提高参议员的报酬，一定会使我们政府变坏；只有在我们的子孙能把我们对参议员的付酬行为看成是他们祖先的野蛮行为时，他们才能真正幸福。

阁下，如果我想详细叙述制止贪婪所造成的破坏和使共和国的治理工作达到高度完美所必要的一切法律，恐怕永远也说不完。最低微的报酬也是罪恶，或者至少是大的罪恶的萌芽。得到劳动报酬的公务人员，将会惯于用贪婪的秤来衡量自己的工作，并且很快会认为他的工作比所得的报酬值得多。他们开始玩忽职守，为了提高他们的某种积极性，就得给他们提高报酬，或许他们自行提高，自行支付。我不打算向您说明我们的罪恶的起源和发展，而只想指出西塞罗在跟阿提库斯[30]及其弟弟像我们现在讨论法律问题时所谈的一段话："只要研究一下指导法律的精神，找到一块试金石——如果可以这样说的话——就足以判断法律的纯洁性，定出给我们指明每一个国家距离幸福或政治完美有多远的尺度。如果立法者不想走入歧途，只向他指出一条应走的道路就可以了。"

因为共和国的恶习必然随国库财富的增长而增加，所以立法者应当孜孜不倦地设法减少税收。如果不把这项工作看成是经常不变的政策，国家的需要将会与日俱增，因为它的公务人员要日益贪婪。不要设想你们的公民能像罗马人在第二次布匿战争时那样慷慨。我不能信任教导我们吝啬的政府。阁下，你们的同胞以你们的社会信用制度自豪是没有用处的；如果他们向外放款从利益出发，而不根据慷慨原则，我担心这种被赞扬的社会信用制度，对于共和国的作用会像高利贷者对于一个急于挥霍的放荡青年所起的作用一样。

我把贪婪分成两类——我们的哲学家接着说——请允许我把第一类称为保守性贪婪，把第二类称为征服性贪婪。只要私有财产为人们所熟识，要想使人放弃致富或增加财富的愿望，都是徒劳无益的。法律只能节制贪婪，引导它，用一种所谓能够控制它和防止它引起可以带来骚动和损害国家的私人灾难与公共灾难的垣墙把它围起来。立法者在迫使这种欲念只成为保守性欲念时，便可使我们大大接近自然界的意图。应当想出一种办法，防止贪婪变成可以使人卑鄙下贱、不知满足和冷酷无情的极端吝啬。要建立使人觉得光荣的贫穷可以存在的风气，并以此反对贪婪。要人们爱宽宏大量，并与贪婪作斗争。这样，用不了多久，宽宏大量的欲念就会随同何时何地都是美德的节约和慎重一道，促进人们的性情谦逊，使他们对不幸的人们的呼吁不再充耳不闻。吝啬的人由于害怕遭遇某种突如其来的或者意料中的事故，或者为了增加亲人的财产，限于采取减少自己的需要的办法，同时他们的心灵远善快于从恶。他们既不宽宏大量，也不做事失公；他们作为一个普通

的公民，不会把国家的利益看得比自己的利益还重，但也不致给国家带来足以动摇国家的损害。

征服性贪婪把他人的财产看成是自己的猎取对象，而且随着猎取的成功，这种贪婪更日益大胆。关于这种贪婪，您可要知道，如果它肆无忌惮地出现，就要用最严厉的法律消灭它；如果它侥幸地没有被人发觉，您也千万不要忘记，这种情况之所以出现，只是由于你们一直关心遏止或减少保守性贪婪。因此，必须加倍注意，永远不要作出任何一种使一个公民可以借口排挤另一个公民的规定。只要社会上沾染了掠夺风气，并随之产生国税包收制度、有价证券投机和苛捐杂税，您就不用指望这种社会里会有什么公正和诚实。阴谋、欺骗、狡猾和中伤，就是这种社会的特点。公民们将会互相陷害，骗子手们经常要去寻找容易受愚弄的人；既然有一部分人受到了欺骗，那么，其余的人将来也会遭殃。最初，用卑躬屈节的办法去赚钱，后来，很快就要想去白白得钱。从这一切罪恶中还要产生最危险的罪恶，即要一手去抢劫，一手去挥霍。这种贪求挥霍的欲念，在任何东西面前也不会停止，挥霍的要求与日俱增，而且永远无度；这种贪婪会使人变得残酷无情。因此，产生了卡提林纳〔31〕和一切被恺撒指责的胡作非为并辜负自己职责的人，他们只能从罗马共和国的灭亡中去寻找自己的福利。提贝里乌斯（Tiberius）、尼禄（Nero）和其他类似人物的卑鄙的暴虐手段，也是由此产生的。当时有阿基斯〔32〕或老加图〔33〕又有什么用呢？他们的法律基础是什么呢？源源而来的社会罪恶冲倒了它们面前的一切障碍。

要求立法者能从国内的不大的紊乱中发现巨大灾难的根源。

阁下，如果欧洲偶然有一个国家认为我在散步时间发表的思想只是增加自己恐怖的好说漂亮话的人的胆怯的幻想，那么，您不认为它对人心和我们罪恶起源的这种极端无知是这个国家治国无方的明显的证明吗？我要不断地提高警惕；如果有机会不叫贪婪成为征服性的，我就要求立法者养成一种习惯，以减少共和国和执政者的需要的精神，去减少一般公民的需要。如果群众的欲念未被消除，他们不会忘记传给政府，并将对政府施加压力。我们为什么要爱财富呢？这是因为考虑不周的法律允许用钱购买快乐、荣誉和尊敬；因为这种法律准许财富夸耀自己，打动我们，欺骗我们，初则使我们隐瞒恶习，继而使我们原谅恶习，最后使我们尊重恶习。您想叫我不希求我所羡慕的他人财物吗？那就请您定出使我安于中等生活的法律。如果您不想叫我得到积累财富的手段，那就请您向我表明财富是没有用处的。在古代罗马和希腊，快乐和荣誉是不能用钱去买的，所以罗马人和希腊人以道德高尚著称。我知道，有些人生来清贫，但因为知足而感到幸福，不过这种人很少；差不多谁也没有按照自己的兴趣去寻找幸福的勇气，每个人都想跟别人一样幸福，因为他们喜欢自己的幸福能被别人看到，或许能被别人羡慕。在伦敦，一个人有一千个畿尼，也得认为自己是穷人，因为人们断定：要想成为一个富人，必须至少要有十万个畿尼。

您已经可以明白，永远称赞豪华的这些虚伪的哲学家的政策是值得轻视的。他们认为富人的挥霍无度是大德。难道有挥霍无度的公民不是罪恶吗？穷人依靠他们生活，但他俩对于穷人的帮助，是用一些富人的狂妄行为的办法进行的，也就是说，他们用另一种错误去纠正一种错误，结果犯了双重错误。富而不夸本来是件好事,但是富人只会由此被人轻视,于是他们只有促使那些羡慕、颂扬和打算效仿他们的人变坏。古代的思想家们比我们正确,在他们的任何一部作品里,你都找不到夸富或对豪华作愚蠢的赞扬的词句。当我们看到一些国家苦于道德颓废,但同时又十分希望增加财富和夸耀豪华的时候,我们的心里不禁产生一种悲哀的感觉,同时在我们的嘴边也露出痛苦的微笑。

阁下,我希望我们的那些冒犯了台端的改革家们,不要停止在他们至今所做的一切上面。我希望我们国家不恢复他们所禁止的那些无益的技艺。我希望我们的改革家们能够把有益技艺中与其十分相称的朴素作风保留下来。我希望我们的平凡朴实能够把王族从他们的那种表现在绣花带穗的服装上的毁灭性优越生活中解救出来。当我想到雅典人的才华对于他们具有怎样的毁灭性,不公正、暴力和虐政如何使罗马人破坏了希腊的绘画、雕像和花瓶的时候,我不禁要问:我们为什么需要美术学院呢?让意大利人认为,他们的小巧精致的艺术品给他们带来了荣誉,要他们到我们这里来寻找法律、道德和幸福的典范,而不要寻找绘画的典范。

如果要向您介绍我国取缔豪华法律的全部优点,那是永远也说不完的。这种法律适用于一切方面,比如家具、住宅、饮食、仆人和服装;如果您对任何事情都毫不关心,就会为波及一切的恶习打开方便之门。法律越严,财产不平等的危害越小。富人在无法因为自己有仆人、马匹和漂亮服装而博得他人尊敬之后,就要设法自重;不太微贱的穷人,将要设法取得富人所享受的那种服务,以使他人尊敬自己。我承认,我不明白是由哪里来的一股奇妙力量,使现代人如此轻视在古代极受推崇的这种取缔豪华的法律;但是,制定和执行都容易的法律是没有的。

我们指责商业给我们产生了无数需要和逐渐使我们觉得必要的奢侈之后，难道还不能确信商业所固有的贪心与任何良好政府的精神有着明显的矛盾吗？商业现在还有没有或者将来是否永远要有它那自古以来就被谴责的缺陷呢？商人没有祖国。他们的自由、劳动、服务，以及我们的幻想、恶习和任性，可以说都是他们所买卖的商品；他们和我们的贪婪守则，就是他们的道德规范。良好的古代国家都不奖励这种职业，而设法贬低它。商业被交给奴隶和下贱公民去经营，以使商业利益不再成为整个共和国的利益。我们拒绝这种原则之后会有什么好处呢？恐怕我们不会再犯人们指责迦太基的错误。

您知道，有人谈过这个共和国；许多哲学家还赞扬过它的法律；如果它的立法者能像柏拉图那样有预见，看到邻海的环境是经营商业的诱因，并采取一些措施，防止公民经商，迦太基很可能幸福。迦太基人滥用自己的环境；他们被虚假的商业繁荣所迷惑，重视商业，而且准许上层公民经商。在这种条件下，他们所管理的共和国能够不具有商业共和国的兴趣和嗜好吗？能够不攫取商业利益和制定商业政策吗？这个共和国在企图增加自己的财富的时候，就走上了侵略的道路；而虚荣的恶习与贪婪的恶习一道，使共和国失去幸福，并引来它无力打败的外敌。

在目前的国家中，凡是最鼓励商业的国家，在任何东西面前都不会停止这种鼓励。它们刚一发财之后，就产生了尽量增加财富的愿望，而它们的虚荣心所引起的需要，则超过了它们的生产资源。国家征自居民的收入如果超过理应课收的程度，就要实行暴力和欺骗；为了充实国库，竟使人民沦于贫困的地位。出现了包税人，这种人只做两种工作：天天策划新的方法，以便尽量满足政府的贪心；在居民中间传播无度的豪华奢侈，由此使人民陷入贫困的境地。有一条固定的障壁，把国家的利益与庶民的利益隔开。政府本应当考虑怎样使国家免于崩溃，但它却一心进行侵略；这种在国家认为自己很强的时候产生的野心，以后还要继续存在下去，因为国家喜欢以此掩盖自己的软弱。但是，这种情况最后会产生什么结果呢？不是像迦太基那样在强大的外国的压力下发生政变，就是使国家遭受极度的屈辱。

阁下，我们的恶习与我们的不幸的必然联系就是如此。由财富产生的罪恶不应归咎于某一国王或大臣，而应归咎于财富本身，因为就财富的本性来说，它与良好的法律不能相容。毫无疑问，有一些规章能使商业繁荣，但它们绝不会导致社会繁荣，因为人们的需要的增长程度高于财富的增长。千万不要听信财政家的忠告，因为他们的一切忠告都是违背信义的；只有一种致富的方法，那就是满足于朴素的财产。

阁下，我们再往下谈。除了旨在禁止经商，禁止征收国税，减少需要和提倡生活朴素的法律以外，再没有比调整继承办法的法律更必要的东西了。在这方面，古代罗马人的法律十分出色，他们禁止以继承的形式把一个家庭的祖遗的财产转让给另一个家庭。不难了解，这种有利于平等的制度，对每个公民都有益处；由此产生的一切优点，也可以十分容易看出，因此我不能对法律家的见解给予任何重视。他们说，如果无权根据自己的愿望处理财产，那就等于我们没有真正的财产。既然承认了所有权，那么，为什么遗嘱人根据自己的意志指定财产的继承人，而不遗给他的直接继承人是不公正的呢？为什么父亲把他的财产不平等地分给其子女是不公正的呢？正是这种权利给予他以共和国的一项重要权限，即使他成了家庭的法官。

真是奇妙！不过，我可以回答这些法律家：既然法律打算阻止我们产生对社会有害，从而也对我们自己有害的荒唐幻想，那么，它就不应当破坏人们的所有权，犹如它应当禁止人们欺负公民或侮辱公务人员而不破坏人们的自然自由一样。阁下，正如我们所同意的那样，财产私有为成千种的恶习和罪恶开辟了道路；因此，设立严格的法律来监督这条道路是合理的。如果法律绝对禁止他人侵犯你的财产，就能使你只以对社会最有利的方式，同时也是完全符合你的真正利益的方式，去利用和支配你的财产。毫无疑问，如果国家不禁止遗赠，遗嘱人可以把自己的财产遗留给任何人。但是，如果国家准许向非家属转让财产，而这种办法又要导致家庭之间产生最大不平等时，国家的这种做法是不是对呢？我非常担心，只是虚荣心就足以使我们不平等地向子女分配财产了。如果说，对共和国来说，使父亲成为家庭的法官是重要的，那么，对于共和国来说，使构成它的希望并且将来要管理国家的子女养成一种做事从私利出发，从小就相信金钱是他的功劳应得的奖赏的习惯，难道就不重要吗？

在大多数的欧洲国家里，贪婪和贪心的产生原因都非常多，使你不能正确地判断下述法律所带来的罪恶：允许父亲不平等地向子女分配财产；使每个公民可以自由地挥霍自己的财物，并按照自己的意思随便处理财产。立法者的这种疏忽大意曾经败坏了希腊

共和国和罗马共和国的道德，这难道还不清楚吗？雅典人中的最英明人士，曾经非难过准许遗赠的梭伦(Solon)的法律。如果是一位在本氏族领地上工作的公民，他自然会有更大的勇气去反对使人浪费的欲念。大家知道，放弃了莱喀古士的法律的斯巴达，只是在它的公民把以前根据用益权取得的土地一部分归为私有，并随意转让和出卖以后，才使国家陷于极端堕落的境地。在古罗马，这种恶习与共和国的最合理规章暗斗，结果取得胜利，使贪婪有了发展的自由。

在治理得好的国家里，立法者无疑要采用严格手续以使财产的出卖和转让不易实现。为了保持财产大大平等，立法者当然不会准许立遗嘱的权利。死者的财产由法律按规定处理；如果法律准许死者在未死之前可以把他的动产自愿赠给他人，那么，这也只是为了酬劳仆人对他的热心和爱戴，而把一些对富人可能有害的财富转让给穷人阶级。要建立有权自由分配遗产的亲等制度，但不要把这项权利过于扩大，以免继承大量遗产的希望使人放荡和贪婪。公民的独生女儿把财产带到夫家，对家庭很有害处；她必然要滥用这项财产，结果损害家法。为了使她的道德和社会道德不被败坏，规定她只继承三分之一的遗产，并要求她的父亲或监护人给她指定两名义兄弟。如果某人没有继承人，他的财产也不应当归于国家，因为国家要率先垂范地表示无私，而应把这项财产平均分给遗产人所在地点的贫穷户。要使富人养成视穷人如子女、兄弟和继承人的习惯，并使这种风气为幸福服务！我不准备再详细谈了，我只想说一句：良好的法制必然要化小和分散因贪婪和虚荣而积累起来的财产。

如果你不依靠土地法[34]，永远也不会抑制住这种强有力的欲念。有人说，这种法律毁灭了罗马共和国。这是一种误解。难道毁灭共和国的社会动荡之所以影响了自由是由于共和国法律的实施，而不是由于这种法律的被破坏吗？如果认为禁止持有土地一百阿尔班[35]以上的法律，即认为不准许公民以其足够的财富和能力压迫同胞的法律能够创造篡位者和暴君，这是多么不智啊！实施土地法的提案越引起社会上的激动和纷争，就越使罗马人感到土地法的必要。保民官李启尼乌斯[36]存心不善，大概打算杀害贵族，但是他的最大罪过，在于他自己不尊重自己的法律，没有采取必要的手段来使公民服从他。罗马人的错误则在于：他们为虚荣心所迷惑，一心想使共和国致富，但他们没有预见到他们无法根除私人的贪婪。他们的另一个错误在于：他们容忍富人的抢劫行为放纵到过度的地步，并想在贪婪和虚荣已经使不愿意遵守旧法律而只准备找机会持械称霸的公民强大起来的状况下，立即恢复已被遗忘和遭受轻视的法律。

如果承认富人似乎永远不会相信穷人也有他们那样的治国权利，那么，没有保持公民团结所必要的一定平等的土地法，就无法维持国家各部分之间的均势，不能防止不公平的法律出现。在几次类似我们这样的谈话中，我一谈到只有一个公民阶层的国家应当为每个公民规定出一定的财产范围，而不准许公民持有的土地超过限额的时候，人们总是对我回答说，在这种条件下，农业工作要被人轻视。但是，如果这种困难有助于避免更大的困难，这对我有什么意义呢？宁愿土地少收成一点，也不让共和国有贵族和平民之别。何况我还不承认土地法会危害农业工作。过大的地产始终没有良好的收成,而正是小块的世袭土地才经营得最好。有人对我说,如果把主要公民的希望和才能限制在一定范围内,就会使他们迟钝。如果迟钝指的是公民之间相互约定,谁也不想持有超过法律所允许的任何东西,那么这正是我所愿意的;而如果相反,迟钝指的是与贫困并存的懒惰,我就否认这种说法。还有人说,你们这样国家的公民将要离开国家,跑到别处为自己另建新的祖国。难道我能永远听这些没有价值的反对意见吗?让这些道德败坏的人逃亡去吧,他们的欲念不会服从拯救他们的法律。我们的共和国只会由此得到好处,它不会再有反对它的政府、法律和道德的敌人。但是,谁也不会逃亡。驱使公民逃亡的,有时是政府和执政者的暴政,而公正的法律则与此相反,它以其严格性使公民依靠祖国。

在公民被分成数个等级,从而有贫富差别和地位高低的国家里,不能像民主制度国家那样定出限制贪婪和虚荣的法令。但是,如果达不到完美地步,那么,应不应当设法去接近完美的地步呢?为什么不给每一等级规定出一定的地产呢?瑞典已经实行这样一种制度,规定某些土地只能为贵族所有,而另外一些土地只能为城市公民所有。许多国家都实行这一种反对僧侣阶级的贪婪的土地法,而国家由此得到的好处,又一定会使国家感到必须为公益着想,实行反对其他公民阶级的贪心的同样法律。为什么不在贵族、僧侣阶级和百姓之间区分他们依法只归他们各自所有的土地呢?如果每一公民的状况在本阶级内部发生了变化(财产增减),那么,至少本阶级的财产状况不会变动,而且其中的任何一个人也不会遭到轻视。为什么要允许一个村庄或公社的领主成为土地的唯一占有者呢？使国土荒芜，既会增加富贵的恶习，也会增加贫困的缺陷。

我应当承认，如果把我们的哲学家就有关土地法的重要问题发表的意见应用于我国的现实，我更会理解他的学说的英明。富人在贪婪的支配之下，吞并着一切世袭土地，而法律也不禁止这种侵夺行为，不去帮助穷人。毫无疑问，封建制度与人类当初结成社会时所规定的目的是极为矛盾的。即使封建制度带来了抢劫、混乱、暴力和战争，我们的农村当时也没有现在这样荒芜。封建主认为手下有许多藩臣和领地上有大量臣民是一种光荣，这或许是使他们不施暴政的抗毒剂。当时，封建领主由于不能吞并周围的一切领地，而把土地分给庶民，以此给自己创造保护者，而领地内的住户也在他们的庇护下繁盛起来。但是，当封建制度被封建主自己破坏以后，这种土地占有制度便失去了昔日的优点；他们开始只从收入多寡的观点来对待土地，每个封建主都想多占有土地。以前住在那里的许多被人尊重的住户所分得的土地，现在无人居住，归了一个领主所有。为了扩大自己的地产，人人都毫不犹豫地收购贫苦农民的土地，使他们沦于比他们祖先的奴隶还痛苦的贫穷状况。我们农村中的居民都面黄肌瘦，形容憔悴。他们只剩了一双手，使不幸的家属得以糊口。人们本应当珍惜穷人的土地，承认流汗于土地的每个农民都应当占有一块土地；但是，这样为神人所共爱的人可太少了！我们的升官发财的欲望，使所有的土地都落到贵族手里，并导致第三等级日益衰落，而第三等级的地位下降，又贬低了其余的民族。

我们的哲学家继续说，如果法律把不准许在国内形成大量财

产作为应行的预防措施，并且规定公民不得到其他国家去积累准备运回国来的财富，那么，这种法律必然要破坏这个英明国家的内部和谐吗？下述的例子可以向您说明我的思想。当加尔文（Calvin）到了日内瓦并给这个新兴的共和国规定了一些法律的时候，毫无疑问，他采取了十分明智的措施为公民谋福利。他规定人人都有同样的权利、同样的特权和同样的地位。他建立了具有各种权利和隶属关系的各级会议；大概，这些会议一定建立了平等和自由。实行了不得迫使人民服从未经他们同意的法律的制度，人民也毫无顾虑地向一切执行机关荐举了他们所选的公务人员。加尔文当然也颁布了取缔豪华的法律，但他有时不够了解怀有各种欲念的人心，而财产的平等和共和国的不大领土，又有时使他有理由指望日内瓦人不会受到强大的诱惑，能够继续热爱自己的诚实和高贵的节制精神，但他没有防范贪婪对日内瓦人的诱引。他的公民勉强地安于自己的宗教和自由的命运以后，一看到其他国家的情况，就开始厌恶自己的朴素的生活了。没有定出一种可以压制他们的日益增大的贪婪欲念的法律；他们离开了自己的祖国，到邻国去从事不太兴隆的工业，散布在欧洲各地，顺利地经营着商业和银行业，把资财寄回本国，结果使取缔豪华的法律渐渐丧失了有效的严格性。国家在不知不觉中分化成富有的公民和贫穷的公民。

现在，当日内瓦公民的政治平等被业已产生的财产不平等所动摇的时候，任何情况也不能像他们迄今所享受的安宁那样使他们增光。毫无疑问，这种安宁应当归功于取缔豪华的法律，因为这种法律使一部分人不敢炫耀自己的财富，使另一部分人不致羡慕这种财富。这种羡慕心理是自卑的先声，并且可使人甘心受奴役。

但是,财富渗入日内瓦,也给日内瓦带来了惩罚;不睦和纠纷的种子也同时播种在日内瓦了。富人在商业所特有的积财和节俭的精神指导之下,不肯出钱购买他们想要取得而穷人也似乎打算卖给他们的政权。富人企图逐步地、一文不花地取得政权。他们没有公开侮辱穷人,但却暗自轻视穷人。法律没有被他们废除,但他们却逃避法律的制裁,或曲解法律的自然意义。没有做出大量的不公正行为,但新产生的习俗却迫使政府倾向于贵族。道德还没有败坏的人民,发觉了这种威胁着他们自由的危险。他们开始不安和怀疑起来,而在富人方面,早已没有这种担忧了。最后,争吵开始了。我们看到,争吵曾两次爆发和熄灭,结果和好了,但是和平局面能够持续下去吗?人民代表要求提高公务人员的工资。难道这项要求是个吉祥的预兆吗?难道这能表明公民已经满意他们的命运了吗?如果他们崇拜财富,他们是不是准备了防范舞弊的必要措施呢?如果他们忙于其他事情,而没有关心自己的自由,他们能够保卫住自由吗?

我们的哲学家继续说,我不否认,在许多世纪以来对我们所喜爱的欧洲恶习和偏见习以为常的人看来,我对您讲述的政策似乎有些残酷。如果我把这种政策的原则写在一本书里,我相信它会遭到人们的轻视和谴责。最后,哲学家们就事物的现状观察事物,这并没有错误。如果哲学家能够改变自然规律,并使人们的幸福多于自然界所赐予的,那么,他们无疑会是富有宽大精神的,虽然人们不会温顺地去听从和信任他们。但是,哲学家办不到这一点,我也为此感到遗憾。虽然我们已被偏见和欲念所控制,但也不应当听任理性和美德丧失它们的权利。即使处于不合理的安宁状态，我们也应当孜孜不倦地向人们传播能够拯救他们的唯一学说。据我看来，我们的政治家们夸耀他们已经在国内建立了永远的国家制度的那种愚蠢真是可怜，不应当这样。阁下，如果您看到即使莱喀古士非常英明，但拉栖第蒙人终究灭亡了的时候，不应当承认法律始终未能采取足够的预防手段来反对贪婪吗？只在共和国里消灭这种恶习的萌芽是不够的，而应当使共和国与邻国的恶习隔离开来。如果仔细地研究一下莱喀古士的法律，您可以看到他采取了有效的措施，来消灭拉哥尼亚[①]沾染希腊的恶习；但是，这样做还是不够的，因为拉栖第蒙人终于灭亡了。因此，自己必须防备那些或许永远不致发生，但也可能发生的事件。应当采取数百种看来无用的预防措施，以便使你确信没有放过任何一个必要的措施；立法者应当千方百计地防止命运的任性。

斯巴达人与国家义务有着千丝万缕的联系，使他们在接受希腊其他城市的恶劣影响时不为恶行所勾引。但是，薛西斯的大军把亚洲的辉煌、豪华和财富带到了伯罗奔尼撒的门口。这支大军在布拉的被击败，于是一向有志气看不起微不足道的得自希腊的战利品的斯巴达人，对得自波斯的战利品感到惊异。他们的理智不足以克服诱惑，没有使他们满足于所获得的胜利的光荣。他们在要求自己应得的那一份战利品时，或许没有意识到什么感情在指导着他们这样做。他们屈服于至今只以铁钱和极普通的财产来满足的那种潜在的贪心。斯巴达人认为，他们要求分享战利品，只不过以此取得希腊承认它是被斯巴达拯救的。不管怎样，得自波

① 斯巴达所在的地区名。——译者

斯的战利品改变了拉栖第蒙的习俗，给共和国的制度带来了致命的创伤。在米太战争[37]以前，米太雅第(Miltiades)和忒密斯托克利(Themistocles)绝不会以贿买长老、国王和监察官的办法未进行谈判。伯里克理斯(Pericles)也企图这样做；收买一些其贪婪性在促使他们被收买的人，只要一些有才干的人就够了。当斯巴达人不再幻想服从莱喀古士的法律的时候，当贪婪的风气渗入共和国的时候，他们就不得不采取吕山德(Lysander)的具有毁灭性后果的政策。

斯巴达开始向它的敌人和盟友索取贡品。在必须进行对外战争和拥有海军的借口下，斯巴达设立了国库，但国库的资金却暗中流到公务人员和公民的腰包里去。随着法纪不振，人们的营私舞弊日益大胆起来。斯巴达终于遭到了希腊的其他共和国的命运，而且在这个不幸中，它的恶习的罪过大于它的失败。

DOUTES PROPOSÉS

AUX

PHILOSOPHES ÉCONOMISTES

SUR

L'ORDRE NATUREL ET ESSENTIEL

DES SOCIÉTÉS POLITIQUES.

PAR Monfieur l'Abbé DE MABLY.

A LA HAYE,

Et fe trouve à Paris

Chez { NYON, Quai des Auguftins, àl'Occafion.
Veuve DURAND, rue S. Jacques.

M. DCC. LXVIII.

《哲学家经济学家对政治社会的自然的和必然的秩序的疑问》一书的初版内封

哲学家经济学家对政治社会的自然的和必然的秩序的疑问

第一封信

——致《公民日志》[38]的作者

先生：我很久以来就是您称为自己的老师的那些著名哲学家的学生。我们不应该把有关赋税和有助于农业与商业发展的各种手段的性质的许多真正知识归功于他们吗？这些问题方面的政策，至今都以随机应变为指南，费了很大的力量去使国家致富，但由此所得到的，往往只是把国家的财源耗竭。就是在目前，那些已被证明成功的措施的推行，也完全有赖于这方面的政策。我高兴地获悉，我们的老师在研究完这些问题之后，就着手更为重要的研究，他们正在探讨社会的基础本身。认识新的真理的希望，使我们急不可待，因为我们认为，您所谓的农业哲学，应当成为一切政治制度，即人们的幸福的根源和基础。

如果有人问经济学家什么人民最幸福，他要回答种地最好的人民最幸福。什么国家最强盛呢？能够从田地上得到最多收入的国家最强盛。我们希望，您能向我们指明自然界所规定的简单规律，并且在指出使我们离开了真理的错误之后，教导我们怎样才能接近真理。但是，先生，我应当承认，在我们的这种希望里还有某种疑问的成分；我们见到，我们的哲学家们对我们向来尊敬的人民持有一种轻蔑的看法。他们对中国政府抱有成见。我们不知道他们怎能使一切符合于正直哲学的原则，但是，由于害怕别人疑惑我们渎神以反对未知的真理，我们一直默默地等待着预言家发言，而且希望他说得不那么神秘。

先生：这个时间已经到了，您可以容易地想到，我是怎样手不释卷地读着《社会的自然的和必然的秩序》[39]。但是，这部书的前两篇没有使我产生像对第三篇所产生的那种印象。我看到，第三篇谈了许多关于明确性的问题，但我认为，其中说得一点也不明确。我把这本书读了又读，我的疑问不仅没有消除，反而增加了。我们的老师们说，疑问可使我们经常处于兴奋状态，只有明确才会给我们的理智带来安静；先生，我得怎样感激您给我们带来了这种安静呢！谁会比您还能更好地解决使我苦恼的难题呢！您是我所要研究的哲学的体现者；您对这种哲学没有任何不清楚的地方，您每个月都在自己的杂志上给我们讲授这门哲学。在您看来，我敢于提出来讨论的疑问，或许不值得您重视。但是，我所不明了的东西，或许对于许多读者也不够明确。为了使在您的社会秩序的整个体系中占有如此重大地位的明确性发挥作用，最重要的是不要有任何东西妨害明确性获得胜利。

为了不浪费您的宝贵时间，我现在开始讨论正题。我很难理解，怎么能把您所谓的个人私有、动产私有和土地私有，换句话说，怎么能把我对自己个人的私有权、我对生活必需品的所有权、我对我的田地的私有权，看成是三种具有密切得足以构成一个缺一不可的，如果缺少一项，其他两项就必然随之解体的整体的私有制呢？① 先生，请您告诉我，如果人们在结成社会以后，还没有在社会建立土地私有制，他们为什么要丧失自己的个人私

① 第4章第46页。

有呢？如果我是某一实行服从柏拉图的法律和建立财产公有的高尚决议的社会的成员，我们的公民和我为什么要丧失自己的个人私有呢？或许我说得不对；但是我认为，不能分割的东西，只要未被破坏，在实质和性质上都一直是统一的。其实，这三种私有制每种都是独立存在着的，因为据作者自己说，只是在人口增加以后，[①]和在自然赋予的土地产品不够人们食用的时候，人们才感到必须种地，接着又要分割土地，并由此产生了作者所称呼的土地私有制度。于是我要问您：一种制度，根据本来可以不建立它的人们的意志成立之后，如果不破坏事物的自然秩序，为什么就不能加以改变？现在还有若干不从事农耕的社会；在易洛魁人和休伦人还不知道分割土地和土地私有的条件下，您能不人道地剥夺他们的个人私有吗？根据我们的作者的原则，应当这样做；但是，我没有在这些原则中见到真理。

他说，只要人口的增多促使人们运用自己的能力去增加生活资料，农耕的需要就会迫使人们建立土地私有制，因而土地私有也将变成完全必要和完全公正的东西。[②]

如果哲学家们只要求每个社会都有土地私有制，我一点也不会不安，因为我知道得很清楚，社会是需要有自己的土地来供应民食的。但是，如果他们认为文明和繁荣的社会可以避免的东西是完全必要和完全公正的，这就要使我的理性感到难堪，并会扰乱我的全部认识。

① 第5章第28页。
② 第3章第32页。

斯巴达人不知道土地私有,共和国给每一公民以一定数量的土地,只允许他们对土地有用益权。但是,当斯巴达没有自然的和必然的社会秩序的时候,它所完成的事业比您认为更英明的国家还要伟大,因而它享受了六百多年的安定幸福。先生,对您的理论体系最为不利的情况是:当斯巴达的一个监察官颁布了建立土地私有制和允许公民随意支配土地的法律以后,正如人们已经指出的,斯巴达人也像自己的邻居那样残酷起来,从而也像他们那样不幸福了。我知道,贵刊不重视这个共和国,但是我敢于警告您,如果这种轻视对于您的哲学是必要的,那么,您会在许多公民中间散布反对您的哲学的成见。

先生,所有的人,一直到耶稣会士,都在反对您,他们敢于在巴拉圭公然轻视您的自然秩序的基本规律。您知道,耶稣会的教士把散在森林里的印第安人集合起来,组织了一切财产公有的社会。每个居民都必须按照他的能力和年龄从事有益的工作,而掌握全部财产的国家,则向公民分配他们必要的物品。我坦白地告诉您,这就是我所喜欢的政治经济学,我似乎没有看到我们的哲学家关于土地私有问题的著作。有人说,耶稣会士把共和国的一切好处都据为己有,只想给自己造成一批奴隶,用迷信的对宗教的笃敬束缚他们。但是,如果他们只限于传教,向印第安人传播道德的概念,教导他们学会自治和善于选举管理国家的公务人员,那么,谁不希望生活在柏拉图的这种共和国里呢?这个共和国的公民谁会想到自己只是由于没有土地私有制就丧失了个人所有权呢?

我们来问我们的作者。他说,社会上可能有的最大幸福,在于可供我们享受的物品能够尽量丰富。[①] 巴拉圭的居民为什么失去了这种幸福呢？您为什么害怕土地不给他们创造福利呢？您说这是因为丰富是劳动的果实，只有私有制带来的快感才会使我们产生劳动的兴趣。先生，我认为不是这样；我觉得我们的印第安人跟我们的没有财产的工人一样。无疑地，您也忘记了，给世界带来游手好闲和无所事事现象的正是私有财产。怎么回事呢！如果发财享乐的欲望不迫使人们放弃可恶的懒惰，田地就要没有人耕种了！难道为了使土地丰收就应当骄奢淫逸吗？为什么奢华享乐的爱好总要使田地荒芜呢？难道只有贪婪和淫逸能够兴奋人心吗？为什么爱优良、爱光荣和爱敬重的作用超不过财产私有的作用呢？谁也不能妨害我假设存在着这样一个共和国，它依法律奖励公民从事劳动和每个公民都重视公有财物。我的这个假设没有什么奇怪的，难道您不会像我一样认为这个社会一定能带来最大善果和最大的富裕吗！但是，先生，我们的没有任何私有财产和同大家一起享有财产平等的教士，难道能对这种财产的命运不关心吗？难道他们的土地能够荒废吗？相反地，他们的土地不会比邻人的土地耕种得更好吗？

我最担心的是：您的自然秩序要反对自然！只要一实行土地私有，一产生财产不平等现象，这种财产分配的不平等状况是不是要引起利益的不平等和对立、贫富的罪恶、道德的颓废、智慧的退化、偏见和欲念的产生呢？而且这些恶果经常要损害我们的哲学家最后寄托的明确性的作用。请您读一下各族人民的历史，您会

① 第 6 章第 65 页。

发现它们都受过这种财产不平等的损害。以富有而自傲的公民，轻视与他们本来一样而注定为生活而劳动的人。您可以看到，这时马上就会出现不公正和暴虐的政府，制定偏袒而具有压制性质的法律，一句话，折磨人民的一切灾难都要降临。

各民族的历史都呈现出这种情景；我敢断言，如果您找到这种混乱现象的根源，您会发现它就是土地私有制。为什么不给我们只留下得自恩慈的大自然怀抱的人身私有呢？人身私有是预定使我们平等的，因为任何一个人也不能为了自己而要求他人去做他认为不是自己所必须做的事情；人身私有给予我们所有的人以同样的需要，使我们经常感到我们都是平等的；人身私有以各种社会品质把我们联合起来，社会品质可以使我们幸福，但一出现贫富的区别，这种品质就会变成粗暴而残酷的欲念。我们由于到造物主没有创造幸福的地方去寻找幸福，而受到了严厉的惩罚。

先生：您想怎样叫我到实质上造成社会紊乱的事物中去寻找社会的自然的和必然的秩序呢？我的困难就在这里。我们的哲学家不应当发扬我还不大明白的真理吗？但这不是为了向我们指出必须放弃人身私有，并按照自然的道路前进（这种说教恐怕没有用处），而是向我们介绍为了至少要弱化和减少土地私有制给我们带来的罪恶哲学还可以采用的可靠手段。现在只能说，财产既然已被不合理地分割，我们就只得忍受不幸，永远成为它的牺牲品。我这样说难道不正确吗？我认为，私有财产在制造成千百种欲念，而这种欲念又随时准备保护私有财产，永远也不服从理性。现在，任何人力如果不带来比它想要避免的混乱还大的混乱，都不能设想恢复平等。我们作者的文章的第三篇，如果从下列观点来看，还没有失去它的价值:对人人都重要和有益的这些真理,在前两篇里都讲过了;其次,作者不必费力去编造奇谈妙论,不必依靠那些能够成为不怀好心的人诽谤他的作品的借口的含蓄辞令。

我不能放弃财产公有这种使人愉快的思想。假如立法者有机会任意向公民传播自己的观点,您是否认为在这种情况下立法者要比发扬社会品质更多地从事培植果实吗?我猜到了您的答案,并可由此作出如下结论:即使土地私有制能够比实际更加有利于创造财富,也应当主张实行财产公有制度。如果这种丰富要使人们做事不公,依靠力量和欺骗去致富,那么,它有什么意义呢?能够有理由怀疑没有贪婪和虚荣的社会的最低公民也会比我们最富的财主还幸福吗?先生,我们不要停留在土地私有制给我们带来的不幸上面了。这种制度在败坏那些联系全国公民的一切关系的时候,难道就没有败坏整个社会的联系吗?您想怎能使习惯于私有财产的人不领会到如果共和国靠侵略邻国来扩大自己,他的财富就会增加呢?一般的战争都是由此产生的。相反地,在公民没有私有财产,拥有富裕的公有财富和彼此平等的社会里,难道没有充分的理由不去破坏邻国的安宁吗?

莱喀古士了解这种真理,规定了自己的法制,这种法制只是由于别人不理解它的精神,而常常受到诽谤。不要责难莱喀古士只知道培养士兵,他所需要的人是能够保卫拉哥尼亚和维护希腊的,因为在各地建立起来的私有制度只是把强盗和小偷移植到土地上去。罗马人知道一部分与私有财产分不开的种种坏处之后,实行了禁止土地的占有量超过二百阿尔班的法律。他们没有能够仿效斯巴达人建立财产公有制度,而是想至少防止出现面积过大的私有土地，因为他们明白地预见到这种私有土地会产生傲慢和暴虐，并害怕它将来为患。只是由于他们依靠掠夺战利品致富，成了胜利者以后，不再遵守这项法律，他们才最终遭到了自己敌人的命运。

先生，现在请允许我问您：我们的作者向我们提议的秩序是不是自然界要求于我们的必然的秩序呢？我觉得，自然界以千百种的不同方式在向我们说：你们都是我的孩子，我同样地爱你们每一个人，我给你们以同样的权利，我使你们担负同样的义务，所有的土地都是你们每一个人的财产，你们在离开我的怀抱的时候都是平等的，为什么你们不喜欢这种状态了呢？你们不应当想一想你们的打算比我还要英明的企图不会不受到惩罚吗？难道哲学不应当和我们说同样的话吗？既然它不同意我们的谬见，不想叫这种谬见成为我们的行动守则，那么，它不应当向我们说：你们越努力接近平等，就越能接近幸福吗？然而，有人企图叫我们相信，抱怨财产不平等的人没有看到这种不平等实质上是符合于公正秩序的；[①]他们要我们相信这种幻想的平等实际上不可能存在，我们无论如何也得想到自己是人。[②]

现在，我们来研究这种奇怪的推断的根据是什么。作者说，只要我把某种东西完全据为己有，他人就不可能在同一时间内像我一样成为这种东西的主人。[③] 这毫无疑问是正确的，因为人们已把土地分割，并已同意建立土地私有制；但是，正是这种同意产生

① 第2章第24页。

② 第16章第200页。

③ 第2章第24页。

了财产和地位的不平等。应当研究一下财产的不平等实质上是不是符合于公正的问题。为了证明这一点，他们对我说，完全不应该把财产的不平等看成是社会造成的罪恶；即使我能把社会解散，那也无法消除这种不平等。他们还说，这种不平等的根源是体力上的不平等，以及许多不依我们的意志为转移的偶然原因；由此可见，你们无论如何也得想到自己是人，你们始终不能使人们的财产平等；难道只改变一下自然规律，你们就能够使每个人的体力和他所遇到的偶然性平等吗？①

先生，您瞧，这个论据似乎在迫使人们承认施用暴力或诈术是一种实际的权利；这是一个危险的原则。当然，我们的作者也完全不认为一切东西都应当属于最有力量和最狡猾的人。如果我的体质和智力没有给我任何权利去欺压不如我的人，如果我不能向这个人要求他不能要求于我的事情，请问，我能根据什么东西要求使我们的生活条件不平等呢！假如我在其中生存的社会解体了，从而我又回到原始的自然状态，什么东西也没有了，那么，我在周围既看不到比我高贵的人，也看不到比我下贱的人。必须对我说明我是根据什么权利才得以建立我的优势的，或者不要再对我说：财产的不平等实质上是符合于公正的，平等②只是一种幻想，无论如何也得想到自己是人。先生，不是这样，自然界反对人类的这种谬见，如果它因此惩罚了我们。自从我们不幸地创造出土地私有和财产不平等的制度以后，贪婪、虚荣、图功、羡慕和嫉妒就开始破坏

① 第2章第25页。

② 在法文原本中，这里误印为“不平等”。——俄译者

我们的心灵，并且在掌握政府之后，又开始压迫国家。如果实行财产公有，可以非常容易地建立财产平等，并在这个双重的巩固基础上创造人们的幸福。

人的体质和道德品质，在每个人身上是各不相同的；我知道，用我们的作者的话来说，在变化无常的旋涡里，人们有时会处于或大或小的幸运地位，而如果这种地位是他们依靠自己的力量取得的，不久就要破坏平等。但是，在萌芽状态就把罪恶扑灭，而不使它继续发展，这是不是政治的责任呢？难道舵手应当听从风暴的摆布，而不与狂风巨浪搏斗吗？我们的祖先没有看到威胁着他们的危险；他们不仅不去反对财产的不平等所要造成的危险，反而建立了土地私有制，帮助这种危险发展。由于他们无知，所以还可以被人原谅。但是，当社会确信混乱和人的地位在私有制的庇护下逐渐加强，使不平等现象日益深重，并给各种欲念增添了新的力量的时候，难道社会的政策就没有责任查明罪恶的根源，并设立堤坝防止这个就要泛滥的洪水吗？不应当像莱喀古士那样建立财产公有制度，或者至少像罗马人那样求助于土地法吗？政治由于偏爱富人和好名利的人，而离开了自己的目的，只成为这些人实现欲望的手段，我们的哲学家现在为什么不去做政治家由于这些原因没有做的工作呢？哲学家的责任是警告我们放弃自己的谬见，可是他们竟说我们的欲念造成的罪恶是合乎自然规律的。我们的作者说，需要给自己规定一个建立财产平等的目的吗？[①] 不需要。我也这样认为，因为罪恶已经根深蒂固得能够使人产生医治它的愿

① 第2章第26页。

望了。但是,当他补充说道:为了做到这一点,必须消灭一切财产、从而消灭一切社会的时候,我就不能不要求您解释了,因为我认为不必破坏私有财产,它没有土地私有制也能很好地存在,并且完全能够成为社会的基础,即迫使我们建立和维护它。

先生:虽然我的信写得很长了,但是请允许我再就一个我不明白的问题请教于您。我们的作者说,[①]自然界中的一切都是实体的;因此,包括社会秩序在内的自然秩序也不能不是实体的秩序。他补充说,如果有人不肯承认社会的自然的和必然的秩序是实体的秩序的分支,我将认为他是思想上的盲人,并且不想医治这个盲症。这个真理十分明确,以致不能根据自己的愿望去否认它;如果我没有从作者本身的叙述中发现使我可以怀疑他认为明确的地方的根据,这种自信的口吻会使我感到迷惑。

他说,看不到社会的形成是实体的必然性的结果,这等于对世界闭上眼睛。不错,我看到了我们的实体需要促进了社会的建立;但是,如果您不打算叫我认为道德原因也参加了社会的建立工作,您为什么在自己的著作的开头说出:显而易见,能够同情、怜悯、友爱、行善、自重和具有只在社会里才会感受到的许多感情的人,是被自然界指定过社会生活的[②]这段话呢? 我继续读下去,发现这第一章有以下的精彩的叙述:我们有两种推动力,它们是我们的一切行动的基本原则。其一,是渴望快乐;其二,是厌恶痛苦。不应当把渴望快乐只理解为纯实体快乐即我们凭借情感的自然倾向、

① 第6章第60页。

② 第1章第5页。

没有智力的帮助也必然出现的愉快感觉；还应当把我们称为精神愉快的东西理解为快乐。这种快乐是一种使人高兴和活泼的感情，可以使人心欢欣，充满喜悦，这种快乐来自像我们人这样的生物的交际当中，我们只有在社会里才能感到。

在我谈到厌恶痛苦的时候，也有这种广义的想法，因为我所发表的思想，完全不是只指实体灾难而言。痛苦也包括只是在社会中生活的条件下才能在心中感到的一切悲伤的、惨痛的和可悲的情况。这种社会性情感，虽然只能通过我们的感情使我们体会到，但它却具有迫使我们常常为它而牺牲自己的最高贵实体享受的势力。当我们为了他人的生活，为了使他人享受快乐，为了使自己有多少快乐就享受多少快乐而不考虑自己的得失时，就会服从这种社会性情感。当我们上升到能够轻视富贵和生活本身的时候；当我们宁肯遭受实体痛苦甚至死亡，而不愿意毁坏名誉或忍受其他来自我们与社会的关系的痛苦的时候，我们也会服从这种情感。

先生：在我们的作者在他的著作的第1章里向我介绍了人们借以组成社会的道德品质以后，在我已经深信这些思想以后，为什么又要我由于害怕人们说我是思想上的盲人而在第6章里把人只看成是实体机器呢？先生，我认为这种手法很毒辣；如果是您骗了我，为什么又责备我有谬见呢？还对我说，社会是在实体原因的影响下形成的；但是，如果第1章里所述的道德原因对人们结成社会有那样大的作用，那么，为什么在这里又避而不谈道德原因呢？社会是由实体的人构成的；但是，这种实体的人也有道德品质。社会依靠实体手段活动和维持；但是，社会也依靠道德手段活动和维持。社会建立的目的是实体的，建立社会的必然后果也是实体的，但是，其中的某些目的和某些后果难道不是道德性质的吗？无论我对人进行多少次研究，到处都会看到实体因素与道德因素混合在一起的现象。难道一个哲学家能够允许自己有这种矛盾现象吗？他为什么要把被自然界联合成为一个整体的东西，即一半由实体因素和另一半由道德因素构成的整个东西分开呢？

有人对我们说，从身体上来说，我们没有食物便无法生存，这不是十分显然的吗？我同意，但是，我们如果没有道德品质，也不能立足于社会，这不也是同样明显的吗？先生，谁能够否认道德品质对于社会的建立比食物的需要所起的作用大得多呢？土地自身生长着果实；在人们知道耕种的必要性以前，已经过去了多少个世纪？有人对我们说，如果人们不增加耕地面积，实际上就不可能叫人们在适当的气候条件下按照实体秩序的自然发展去繁殖和又不感到食物缺乏，这不是十分明显的吗？现在，我要开始怀疑了，并敢向您回答，不从事农业的部族不会繁殖得很快；但是，如果大自然到处都有的野生果实不够食用，打猎和捕鱼还可以供给他们食物；此外，难道他们不会饲养动物吗？要知道，美洲或非洲的野蛮部族不是已经生活了许多世纪了吗？古代的西徐亚人，现代的鞑靼人，不是都在证实我的见解吗？我认为，要是一个思想上的盲人，就看不到精神因素对人口繁殖的促进作用，看不到社会需要耕种增加食物产量的程度，即增加到社会的习俗、法律和制度最能使人幸福时所要求的程度须视社会文明所达到的程度而定。

根据我们的作者的意见，十分明显，凡是组织农耕所需要的社会设施都是实体的必然，从而授权耕种的土地私有制也是实体的

必然。或许有人认为耕种土地就是社会的活动对象或目的？先生，不是这样，社会制度的建立不是因为人是需要吃饭的动物，而是因为人是有理性和感性的动物。人可以不耕种土地而生活，但是，任何东西都不能叫他们不建立法制。为了装饰和帮助社会，而出现了耕作，但是，社会完全不是为了繁荣农业而建立的。您可以看到，为了证明法律和公务人员的设置是实体秩序的一个部门，我们的作者不得不破坏我们的生活需要的秩序，并且只从政治设施对于保障丰收的关系方面去考察政治设施。可以想见，他在研究哲学的时候非常关心农业问题，并且想使自然界服从于他的发展的规律。

先生：您清晰地知道，在我大胆地向您说出与土地私有制有不分割联系的祸害以后，我是不能同意土地私有制是实体的必然这类说法的。如果自然界注定我们必须建立这个有害的制度，那么，它就不是我们的亲娘，而是我们的后娘了。可能是我们滥用了自己的自由，认识上有了错误，而没有正当地运用我们的理性。但是，不应当把我们的错误归咎于自然界，不要认为不良的政治方案是自然界号召我们采取的。

我在人的实体需要的研究方面没有追随我们的作者，但是我想指出，这里面结合着实体和道德两个方面，所以在社会里它们也是同样结合在一起的。其次，我还希望人们能把联结着社会的一切实体方面和道德方面的这条看不见的线索指出来。在作者企图向我们叙述社会的自然的和必然的秩序的著作里，我不希望读到如下的论述："整个社会最有可能获得的幸福，是使可以给我们带来快乐的物品尽可能最大地丰富，以及我们能够有最大的自由去享用这种物品，……每年的丰收是决定人口和构成社会的政治力量的一切东西的尺度，社会财富的这种巨大增长的后果，是在政治制度方面把社会尽量建设好，即建成一个最强大的社会，并使它有可能的最大的安全。”①

哎呀！先生，我们说到哪里去了。我始终没有想到您会这样向往农村。我们不能像野兽那样只顾吃食；如果我们只有这样一种需要，那么，我们就会跟野兽一样，不能过社会生活了。我们有时允许把自己看成是由理性和感性构成的有理智和感情的动物；除了对农业的需要以外，我们也要看到其他许多需要是怎样出现的。我们将看到我们之需要公正、良知和勇敢等等，正如需要土地的产品一样。如果没有社会美德，你的田地就会无人耕种或被荒废。您担心没有这些社会美德的帮助，你们的公民的欲念就要消灭一切；您担心外国的公民在抢去你们的自由之后，就要叫你们遭到您所害怕的田园荒芜的命运，……先生，不要担心这些东西，在土地私有制给人造成的社会环境中，完全不会是这样：社会的整个政策只在于增加土地的自由收入、规定直接的土地税和崇敬生产食物所必需的土地。当然，需要有好的收成，不过，首先需要有优良的公民。农业的繁荣一般是优良政府的政绩，但不是农业创造了政府。我们不要把事物的次序颠倒过来，人的修养和社会品质应当是社会幸福的基础，这也是政治的首要目的，然后，我们才有田地。

谨致敬意，余不多叙。

① 第6章第65—66页。

第二封信

先生：虽然我迫不及待地要读《社会的自然的和必然的秩序》的第二篇，并希望看到您对其中的一些最重要问题的说明，但我又不能不想就土地私有制问题再跟您谈几句，甚至打算研究一下第一篇中的某些地方，至少我认为这些地方没有那种使人无法反驳而完全可以获胜的明确性。

我们的作者非常清楚地证明私有制是人所固有的自然权利，是确定不移地赋予所有的人的权利，是所有的人为其生存所必要的和没有不公正就不会被剥夺的权利。[①] 我也非常清楚地领会了这个学说；于是，当作者证明他称为只能使自己有权取得食物的动产私有制必然来自个人私有制，并且是一项不小的神圣权利的时候，我就不难理解这一点了。但是，我无法猜到理解人身私有制和动产私有制的人，即能够思维的人，是怎样自然而然地开始感到和理解土地私有制的公正性和必然性的。据他说，土地私有制来自前两种私有制。我是支配我个人的主人；我有权取得食物来营养自己。因此，我持有私有土地就是公正的和必然的。除非私有的土地是我的唯一而不可缺少的生活资料，我是不能认为这个论据是正确的。

假如我是最先组成社会的人物之一，并想分析我当时的处境，那么，我好像发觉不了什么东西足以使我产生土地私有的想法。

① 第7章第75页。

我已习惯于认为所有的土地都是每个人的财产。我的社会品质开始发展，我预见到将来要出现新的需要，并且我在社会上的行为，不是促进自己去更加集中注意个人利益，而是使自己在某种程度上离开自己，产生关于共同和公共财产的思想。在这种情况下，我怎么能够产生要求土地私有和感到它是必然而公正的愿望呢？我认为，由于我们悟性的各种表现之间存在着某些类似，我的思想反而应当趋向财产公有，并且我期待于我的新同胞的帮助，也向我表明他们也期待我的帮助。我应该对自己说，我们打来的野兽，捞来的鱼类，采来的果子，都是属于我们大家共有的。如果命运使我没有找到食物，其他人可以供给我；我也应当在他们遇到不幸的时候安慰他们，如果他们的劳动没有得到果实，我就要把自己采集的果子或猎取的野禽分给他们。

先生：请您注意，如果使人的智慧过于迅速地前进，就会失去把我们的思想互相联系起来的线索。但是，我们不谈这些对我的研究对象没有关系的想法。我认为，社会生活的主要优点之一，是我有权要求社会供给我以食物，因为我已同意为社会而工作。但是，如果社会担起这项责任，那么，社会把财产归公有或把土地分给每个公民使用，这都无关紧要。我越更多地思考这个问题，就越看不到作者所说的那种公正性和必然性。作者说，关于土地私有的最初思想，是由于那种不劳动，剥削别人，并且没有学会爱劳动的游手好闲的人的懒惰而产生的，我认为这种说法是近乎情理的。

先生：我来谈第二个疑问。作者说，为了使庄稼安全，奖励保护安全的人员是完全必要的；保护庄稼的责任，使保护者有权跟农夫和土地占有者共分收获物。[1] 我觉得，这恐怕不是自然界的必然秩序，而是给我们提供贪婪、吝啬和愚蠢的自然秩序。社会需要设置公务人员来监督法律的执行，而法律要有英明的预先考虑，使任何一个公民也不能损害他人的财产，使田地不被敌国人所蹂躏。我非常喜欢这种优良的制度，请问，为什么要由此得出公务人员有权与土地古有者共分收获物的结论呢？您会对我说，这份收获物是给公务人员和士兵的劳动报酬，因为他们担负了守土卫国的责任，而从事开垦、耕地、播种、移苗和收获工作的农民，则享受了他们所必需的安全。

先生，我认为这不是社会的自然的和必然的秩序，因为合理的政治不能适应于它。难道您没有看到它在说报酬公务人员正是敬重、信任和钦佩他们吗？如果他们不满足于这种报酬，那就请您相信，您已经早就远离了自然界给您规定的秩序了。请您相信，您不会再有任何手段来防止您的事务不被贪婪而且不值得信任的人所管理。您所建立的公正的、合法的和不可动摇的权利，是给营私舞弊奠定基础。你们的社会为什么要设置警察呢？难道您不明白在你们使统治者有了这种力量以后，他们就可以为非作歹和贪赃违法吗？如果你们的土地占有者和农夫有正确的思想，他们自然会时刻地注意着：当需要他们保卫自己的田地不被外国侵略时，他们就要拿起宝剑。如果他们不能自卫，很快就会成为统治者和警察的奴隶。

先生，这种对公务人员的保护和公民的劳务付款的"优良"原

① 第 7 章第 75 页。

则败坏了一切。请您注意，你们在执行职务的借口下，消灭了爱公益的美德，使最危险的欲念得到了自由。这样，被你们变成佣工的公务人员和军人，不能不爱酬给他们的金钱。他们的懒惰，会使他们想出几百种理由去减轻自己的职务，而无孔不入的贪婪，则会找到几百种手段去提高他们的报酬。国家的经费需要将转瞬增加，而这种名正言顺的需要，只能带来最小的行政管理效果。这时，一切都要垮台，因为你们的土地占有者和农夫必然感到政府浪费着自己的力量，而毫不注意他们。您这时到哪里去找社会的自然的和必然的秩序呢？至于我，只能在周围看到互相不满的人们。在这种状况下，自然界借以要求我们过社会生活的社会品质，必然要变成野蛮的欲念，而弱小的心灵则要陷入愚钝的状态。任何人也不能恢复自己的权利，任何人也不会满足自己的境遇，任何人也不打算安于所从事的工作；而如果还保持着秩序的外貌，这只是实行恐怖政策的结果。

现在，我来向您请教第三个疑问。我们的作者说，显而易见，如果社会的自然的和必然的秩序未被人们充分理解，它是无法建立起来的。谁能否认这个命题呢？但是，他接着说，由于这种秩序对我们最为有利，所以显而易见，只要知道了它，它的建立就一定要成为人们向往的共同目标；于是，它必然要被建立起来，并且一经建立，就必然要永远维持下去。[①] 先生，我对此完全不能同意。第一，在向人们推荐我所想的这种以财产公有和平等为内容的合乎真理的自然秩序时，我可以十分坦白地说，它不会给人们留下任

① 第8章第82页。

何印象;一些不可克服的障碍,永远把我们与这种幸福隔离开。第二,我认为,即使我们的作者的制度能够最合理地消除土地私有制所带来的可悲情况,这种伟大的真理也完全不会成为人们向往的目标。

现在,我们来研究我们哲学家的证明是什么。他说,渴望快乐是我们所具有的相当强大的推动力,它自然迫使我们经常去追求最大的享乐,而追求享乐本身又要求占有享乐的手段。由此可见,只有人人的意志和力量都团结起来去争取最大享乐,并使自己得到这种快乐的时候,人们才能够理解这种最幸福状态。这真是高论。但是,在实行土地私有制度,从而存在着财产不平等现象,公务人员和公民在完成各种福利工作中,处于类似佣工状态的社会里,能够存在大家都认为是最好的制度吗?谁能看不到我们的社会被分成了不同的阶级,人们由于有土地私有制、贪婪和虚荣,而具有不用说是不同而是矛盾的利益呢?要完全依靠花言巧语的力量和玩弄辞令的把戏,来说服只靠手艺维持生活的、辛苦劳动的工人相信这是他的最好处境,相信存在占有着一切财物和享受着荣华富贵的拥有大量财产的私有者是良好现象。怎么能够使农夫相信佃户和地主是同样好呢?人们在里面感到自己不如他人、互相陷害和力求损公肥私的种种状况是不胜枚举的。先生,您怎么能使一无所有的人,即绝大多数公民相信他们显然生活在可以使他们得到一切最大快乐和幸福的国家制度下呢?证明谬见是真理,这是不可能的。

每个人经常拿自己的状况与邻居或其他同胞的状况比较,会产生一种不断打扰我们的内在不安,它能够经常破坏家庭的安宁,

使社会动乱。像荷拉提乌斯(Horatius)所说的,让神仙下凡,倾听一下人们的愿望;让每个人今天都能得到他所希望的东西,而明天一切又重新开始。不能控制自己欲念的人,在享受新的快乐的时候,不会幸福得比财产公有和平等使他消除这种欲念时所达到的愉快程度。先生,这就是使我怀疑一切人的意志和力量都能为作者向我们提出的真理获胜而联合起来的地方。

我想暂时同意作者的下述看法:适应一切在支持私有权和支持使用私产的自由的绝对必要性的基础上建立的社会制度的社会的自然的和必然的秩序,是由对彼此同样必要的各个部分构成的奇妙的统一的整体。[①] 对于需要与联结社会的所有部分的相互关系的这种绝妙一致,我们愿意怎样赞美就怎样赞美。您可以看到,不管您提出多少证明,这些相互之间如此亲密和如此必要的部分,只要不给他们创造平等的地位,就仍然是彼此分离的。如果有富人,就得有穷人;他们彼此是必要的。但是,太奇怪了,您为什么偏偏叫我安于可怜的穷人地位,而叫他人不知道为什么居于显要的富人地位呢?

先生:这使我想起梅涅尼乌斯·阿格里帕向前往圣山去的罗马人所讲的寓言。正如您知道的,他对他们说,有一次,人体的四肢对胃发火,说它终日无所事事,而它们却要永远为它工作,因而决定起义反对胃。于是,它们停止工作:脚拒绝行走去找食物,手拒绝把食物送入口中。由于没有食物,胃不久便衰弱了,后来,也随之衰弱的四肢认识到自己的愚蠢,又振奋起来去执行自己的日

① 第8章第83页。

常职务。这个十分高明的比喻并没有说服愤怒起来的平民，他们不想做共和国的下贱人，不愿意卑躬屈节地服从元老院。结果，不得不答应平民选举保民官，平民打算在保民官的帮助下使别人尊重自己，甚至夺取最高政权。

我们的作者虽然有整套的哲学，但所取得的成绩并不如罗马的执政官，因为不是第一次被明确性的光亮所照耀的真理被玷污了。请您想一想，在土地私有制度下，经常有大批的不满意自己境遇的人，他们为了自己的工作和生活已经忙得不可开交，哪有工夫去听哲学家的高论。受了某种命运恩惠的最幸福的公民，还可能有一些愿望的，因为他们当中有彼此平等的人和比较高贵的人；不过，没有得到满足的虚荣心，会遮蔽他们的眼睛而看不到真情实况。但是，先生，这还不是全部情况。您要考虑到，在每个国家里，您都会见到从大众的患难中取利的阶级，对于他们来说，最坏的行政管理反而是最好的。在欲念如此多的世界上，真理的命运将会怎样呢？这完全不是笑谈；各种欲念毫不在乎地反对着明确性。以可以说服他们的希望自慰，这就等于不了解他们。当然，如果我们的作者以为，**对他们明确地说明全部的最大快乐和幸福只能从秩序中去寻找**，就足以使他们闭口无言，这就大错而特错了。对有各种欲念的人讲述公共福利和公益，这等于用外国语言跟他们谈话。

先生：请允许我告诉您，我们的哲学家兼经济学家们的政策，据我看来，永远不会说服读者，因为他们向来没有从人所具有的全部品质方面去研究整个人。有时，他们认为人只是应当吃饱并且只为饮食而忙碌的动物；因此，他们的全套政策只是要使土地生

产，叫土地带来收入。只要社会出现丰收，社会就可达到完美的境地；一个民族的自然权利、社会权利和政治权利的根源就在于此。唉！先生，您可以在一个国家里建立我认为是正确而美好的您的农业和商业的原则，可是人们仍然有相当多的其他原因遭到不幸。横征暴敛的税制，人民的贫困，当然要在许多国家中引起危险的动乱。甚至在每个公民都有自由和舒适生活的国家里，也会产生骚动和混乱。即使没有贪婪，虚荣也会动摇人的思想。在这里，既不用害怕自己的同胞，也不必害怕自己的统治者，但由于缺乏个人利益和竞赛，人们将要陷入一种衰败状态，而这种状态，对于一个有邻国的国家来说，则是十分危险的。

需要叫我们的哲学家们承认人是富有理性的生物吗？如果这样，人就不是我们所想象的那种贪吃的动物，而已经是有幸服从明确性的力量的天使了。在明确性面前，各种欲念会沉寂下来。请上帝保佑，但愿如此！但是，不幸得很，人类的历史完全推翻了这种美妙的梦想。

先生，我可以问您：我们的作者为什么不在他的著作里专设一章讨论欲念的本性、力量、狡猾性和积极性呢？难道它们在世界上所起的作用，小到在著述关于社会的自然的和必然的秩序的书籍时都可以把它们忘掉的程度吗？各种欲念对自然界施加了所谓暴力；它们建立了土地私有制度，逐出平等；它们相继地建立和灭亡所有的国家；它们是世界的心灵；在社会的各个阶层，它们都统治着人，折磨着人。但是，既然我们的作者都不需要用它们去攻击贵族政治，那么，它们在他的全书中只能以恭顺服从明确性的奴隶身份出现。先生，是不是他在按照欲念的实在情况描述欲念时感到了欲念在妨害他,要推翻他想用明确性这一魔杖建筑起来的大厦呢?

既然这种明确性是我们的作者的社会制度中的神灵,既然我们可以任意地利用它,而且它也能够解决我们面临的一切困难,那么,在开始讲述《社会的自然的和必然的秩序》之前,必须对明确性的性质和作用加以若干说明。先生,我很担心这种看来好像存在但又很少见到的明确性,大部分要变成空谈。所有的哲学家都把明确性看成是自己的旗帜,并且在以诺言和诡辩麻痹我们的时候还互相反对。有些哲学派别的观点,现在我们看来都觉得可笑,可是它们却认为自己掌握了明确性的力量。现在,没有一个学院的哲学教授不在证明某些非常可疑而且有时是十分荒谬的事物的明确性。哲学上发生的历次革命的历史教导我们说,风尚甚至可以支配观点;而明确性怎么能够使一切思想和解呢?你们对人表示了很多敬意;完全不是明确性在支配着人;明确性所需要的权力被交给舆论,任何君主在他的宝座上都不会有这样巩固和绝对的权力。

在道德和政治方面,没有几何学上那样的真理,而我们的作者则把他们混为一谈了,因而是不对的。欧几里得的假设未曾引起任何争论,而在道德和政治方面,就没有不使最仔细和最有学问的人产生不同意见的问题。这种不同的原因是什么呢?如果我没有说错的话,这是因为数学家所思考的都是简单的事物,并且不可避免地要对他们所研究的对象持有相同的观念,彼此之间经常意见一致。而政治家和道德家所考虑的,都是一些非常复杂的问题,他们没有数学家所具有的这种优越条件。他们的注意力要同时放在数十个有着几百个不同方面的事物上,而对这些事物的各方面又要给以同样的注意。他们之间的意见很难统一,因为他们所使用的语言被他们赋予不同的概念。除了这些妨碍发现真理的障碍外,还有不知不觉欺骗我们的数百种偏见和私人利益。最后,发作的欲念还要毫不动摇地认为有利于自己的意见具有明确性。人们难于相信得到真理,舆论与真理十分相似,人们不易把虚伪的明确性与真理分开,这怎么能够想象真理的力量会使一切智慧服从于自己并振奋人人的意志呢?

我同意我们的作者的下述看法:疑问是使我们厌烦和痛苦的状态,但是,不能由此就说我们由于某种本能可以知道,或至少感觉到明确性的需要,我们的智慧有追求明确性的自然趋向。[①] 当然,我们的智慧向往真理,或更正确地说,向住它所认为是真理的东西,但我们没有严格地要求自己只倾向于真理或明确性。我们要相信我们有相信的需要;多少合乎理性的意见会使我们满意;我们如果缺乏比较可靠的见解,就会接受可笑的见解。

作者对我们说:我们的智慧追求明确性的自然趋向,是与我们的两种内在推动力,即与渴望快乐和厌恶痛苦分不开的;这两种推动力非常关心我们在选择享乐手段时不受欺骗。因此,我们只要获得由明确性产生的信心,就可以安心。[②] 先生,我可以使您相信,而且这也是十分显然的,人们对待自己的享受手段已经失去了善意的和心平气和的忍耐。人们都十分急于享乐或避免痛苦,为

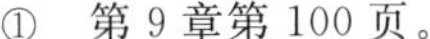

① 第9章第100页。

② 同上注。

的是能够得到这方面的论据;享乐的希望就是一种论据,而且已经证明我们什么时候才能够摆脱痛苦,或我们什么时候才能够享受快乐。正如一位哲学家所说的,欲念有自己的一套推理;它们不与它们所喜欢的和足以使它们发作的东西对立。它们能说会道,引诱力大,很活动,以致不需要明确性就可以说服我们的理性,或至少迫使理性成为它们的参与者。如果明确性想去抑制欲念,欲念也毫不在乎。这时,欲念可以大胜理性。我想把欲念比作傲慢的卖弄风情的女人,这种女人在能够勾引有理性的人的心灵和扰乱他们的理智的时候,最为满意。凡是认为我使欲念得到了它们本来没有的权力是不对的人,都是幸福的!在我们中间,没有一个人不感到自己是作为两个人而生存的:一个是有理性的人,一个是有感性的人,一个经常被另一个所欺骗。归根到底,我们都在做着自己不赞成的事情。因此,明确性不是欲使世界和平的善神。舆论、风尚或习俗在许多世纪以前就担起了这项任务,而且由于我们的知识浅薄和欲念强烈,今后还要长时期执行这项任务。

先生:我不能不请您注意我们的作者关于舆论的叙述。甚至在舆论只是一种偏见或谬见的时候,也不会对与它具有同等力量的道德体系发生作用;舆论具有各种诱惑力,并利用现实的各种特点来欺骗我们,舆论是善恶的无穷无尽源泉,我们要通过它来观察一切,我们依照舆论来希望和行动;舆论有时正确,有时错误,它创造着善行和恶习,创造着伟人和坏人;没有使它停顿的危险,没有不引起它的愤怒的困难;它有时创造帝国,有时又破坏它们。因此,地球上的每个人,都是一个可以任意支配舆论的小王国;如果舆论认为应当焚毁以弗所的神庙[40],它就可以放火把它烧掉;如果舆论要求，被大火包围的人可以向敌人求援；最后，我们的实际意见似乎是这样服从舆论，以致为了支配我们的实际意见，就要开始管理舆论。[①]

认为明确性的力量可以消灭十分险恶的敌人，这不是过于轻率了吗？先生，请您研究一下相继出现的各种舆论的衰亡史，考察一下衰亡的原因是不是来自哲学和明确性；舆论的衰败总是表明某一谬见消灭了另一谬见。至于形成人民性的观点，您将看到，只有在政府采取某种新形式或至少发生某种重大变化的时候，才会被人们放弃。新的欲念，或更正确点说，在新条件下发生作用的欲念，又在产生新的错误，它们将一直存在到新的革命以其新的偏见来代替它们的时候为止。

① 第9章第104页。

DES DROITS

ET

DES DEVOIRS

DU CITOYEN

Par M. l'Abbé DE MABLY.

A KELL.

M. DCC. LXXXIX.

《论公民的权利和义务》的初版内封

论公民的权利和义务

第一封信

本书所述的谈话是在什么场合下进行的。第一次谈话。对于公民服从他在其管辖下生活的政府的一般意见。

先生，当人们在这里等候您的时候，您在巴黎做什么呢？又让事情缠住了吗？这条锁链对于您说来该是多么沉重啊！但是，如果您无法摆脱它，我对您讲述一下我和英国的斯坦霍普(Stanhope)先生进行的几次谈话，这至少可以解除您的不快。他来到这个自由与哲学思考相结合的令人神往的地方已经有两天了。您知道，我是玛尔莱地方公园的著名游览家。大家委托我给这位先生做向导，游览各个公园；开始时，我把这个任务看成是一种沉重负担，而现在，我认为它是命运给我的优待。我觉得，斯坦霍普先生并不钦佩我们法国的殷勤态度，所以我对他丝毫也不想模仿我们，感到不满。他的礼貌高尚真挚；但是，我认为这是英国人的高傲表现。因此，我心里很不高兴，打算挺身保卫我们的民族。我采取报复手段，迫使他钦佩法国的一切。我在领他参观玛尔莱小公园的一切美丽景物时，故意贬低他似乎非常喜爱的圣詹姆斯公园和温德佐尔花园，从而使自己感到一种恶意的愉快。

在我们从容地观赏了小树林以后，走近水池的高堤坝时，我对他说：阁下，您承认世界上再没有比这些花园更美丽的景色了吧！伟大的艺术家有时能够实现童话家的美丽幻想。这儿座小山堆砌得多么美妙！它们围成了一个宽大的座位递高的剧场，人们可以在里面赏心悦目。这片清流和瀑布的水源,来自离我们这里六十图阿兹[41]的塞纳河。有多少财富用到这里,同时,这里修得多么优美,景致使人百看不厌!我想不出世界的其他什么地方会有一个王宫可以与这里的离宫媲美。英国先生微笑着回答:您说得对。至于我们英国,我应当对您说,我们有点愚蠢的祖先规定了一套良好的制度。但是,我非常担心——他的表情严肃起来,继续说下去——如果我们堕落下去,我们最后也会给我们的国王修建这样美丽和比你们的王宫还要堂皇的宫殿。

先生:在我听了这番话后,对自己的贪图小名小利的思想感到惭愧,开始觉得自己做错了,并且很快就完全证实了这种想法。我在巡游贵国各地的时候——英国先生对我说——我猜到我会看到什么。在精明强干的人们所居住的富饶国土上,我看到了休闲的田地,看到了面黄肌瘦、沮丧的、衣不蔽体的农民,以及仅仅盖有一层干草的茅屋。我可以从这里得出什么结论呢?我在其他地方,也会看到不可容忍的豪华,以及比我国的公正国王和开国者的宫殿还要壮丽的城郊私邸。他继续说,如果事物本身十分朴素,对于知识不多的外国人就不会常常成为谜,我也可以看到那些由于你们的昨天晚上的财政状况和人民生活状况而经常引起的抱怨与您今天早晨浪费很多时间对贵国政府的一些无益而且或许有害的花费所作的赞美之间的某种矛盾。

我不好意思地(因为我还觉得自己有功)回答他说,阁下,您说得完全对;您对我说的话,就像一条光线转瞬之间驱逐了我的一切偏见。我不应当在您面前夸耀,而应当请您原谅,恕我向您介绍了那些古怪的东西。您为你们人民的生活富裕而自豪,这是十分公正的;我们喜欢追求浪费大量金钱和使我们缺乏生活必需品的富丽堂皇的虚荣心理,是十分可笑的。我保证今后做事更加慎重。我的哲学使我明白了法律,它既要节制王权,也要使庶民能够享受自己的财富和劳动果实,而不崇向美丽的花园。你们享受着我们所没有的幸福,我们赞美你们的幸福,但不嫉妒。你们关心保护自己的自由,而我们由于不能改变自己的处境便想忘掉现实,这不是一种明智的办法。我们法国人,原来也像你们英国人那样自由;我们设立过三级会议,但它从来没有办过一件好事;三级会议的不良风气,跟穿箍骨裙子和戴立领的风气同时流行起来;我们的祖先把自己的自由出卖、赠送出去或破坏了;可惜,我们无法恢复这个自由了。世界经常处于革命之中;我们也曾有过你们也将会有的那种从属关系。我们完全放任自流！把自己交给支配人类事务的命运;这能够帮助我们摆脱束缚吗？我们只是感到这种束缚越来越重,因为我们一触怒自己的老爷,就会使他们的统治更加残酷。或许,理性哲学不在于论述自己境况的优点,而是为了适应这种境况,忘却一切,设法发现一切好的东西,练习能够忍耐大致相同的一切生活境况。

我觉得自己好像说出了一个非凡的真理,但是,一点也不是这样,因为斯坦霍普先生非常不喜欢我的哲学。他很有礼貌地向我解释,使我明白我向他夸耀的明智不过是胆小畏缩,一些放荡分子会把它变成一种制度,粗鲁的人会从粗鲁方面来领悟它,愚蠢的人会从愚蠢中来领悟它,胆小鬼会从胆小来领悟它。请原谅我说话过于激烈,——英国先生说——关于自由和奴役的言论,我始终都感兴趣。如果我对各民族之间的联系毫无理解,如果我不明白应当要求它们都行善，那就会根据爱祖国的想法，希望它们都幸福，因为他们的幸福毫无疑问要引起我的同胞的有益竞赛。和我们接受外来的恶习一样，无疑地，我们也会接受外来的善行。通过目前联系各国的商业，一个民族的恶习传到另一个民族去。因此，我能够无动于衷地看着专横霸道发展，让它迫使整个欧洲忘却社会的基础、任务和目的吗？一个人如果不具备作一个有权利和义务的公民的品质，他就会堕落到去寻找自己应当做奴隶和喜爱自己的锁链的证据的地步；我很担心他们的委靡不振的欲念，会随外国人的财富一道把自己的人格降低；我认为，在这种情况下隐藏或者干脆歪曲真理是一种犯罪的行为。

我回答说，我非常希望知道真理，并请您原谅我们法国人的轻率，这种轻率使我们想到什么说什么，甚至没有想过的也说，连自己也不明确知道说的是什么。但是不管怎样，我也许还值得您把真理指给我。我对您坦白地说，您现在这样对我说明公民的权利和义务，迫使我怀疑或者是我不明白您所说的话的意义，或者是我远不能理解这些话具有那种意义。请允许我把我的思想或理想交给您审查。

我认为，人们来自大自然的怀抱时都是完全平等的，因此没有一些人统治另些人的权利，而且都是完全自由的。显而易见，自然界没有创造国王、统治者、庶民和奴隶，它给我们制定了一条规律：为了成为幸福的人而工作。只要人们处于这种状态，他们就可以尽多少义务而享多少权利。一切都属于他们当中的每一个人，每一个人都是一个有权治理世界规模的大国的君主。谈到义务，我认为谁也不能对不履行义务负责，因为每一个人除了对自己以外，并无需对其他任何人尽义务。叫他不服从自然界制定的和使自己幸福的规律是不可能的。

在成立社会的时候，发生了一次不平凡的革命：人成了公民以后，就和自己的同类互相约定，遵循一定的规则各去寻找自己的有某些变化的幸福。于是，在某一方面就产生了成千上万的牺牲者。一个公民在承担尊重他人权利的义务和希望他人也尊重自己权利的时候，毫无疑问要给自己作为人的无限权力规定出狭窄的范围。但是，为了确立初生的社会的基础，只有这种协议还是不够的：如果不执行法律，新建立的社会就要垮台。因此，需要创造统治者，这就是说，公民放弃了自己的独立。阁下，从这个时候起，我就感到人好像成了退位的国王。人们改变了自己的某种本性，而为了判断人在这种状态下的新义务，就必须了解他与他的同胞所定的各种契约，特别是要研究主要的行政管理法；正是公民对社会秩序的这种态度，是值得特别注意的。

有的地方，人民本身是自己的立法者；有的地方，元老院和有特权的家族掌握着最高权力，而这种权力，在其他地方是由一个人总揽的。人民的法典是人类智慧的稀奇古怪和恣意任性的最确实反映；每个国家都有自己的道德、自己的政治和自己的各种法律。在这种可悲的混乱状态中怎么能够找到真正属于人类的权利和义务呢？阁下，实际上，英国人在英国是对的，法国人在法国是对的，德国人在德国是对的。我读过格劳修斯（Grotius）、霍布斯（Hobbes）、沃尔弗（Wolf）和普封道夫（Puffendorf）等人的著作；他们都对我说，每个公民都受他所在社会的法律的制约；我轻易地相信了这一点。说这些法律不是公民的权利和义务的尺度，这就表明破坏社会。正如我们的一切义务、我们的一切欲念和我们的理性都同样教导我们的那样，我们是为了社会而被创造出来的；如果没有社会，人们就毫无幸福的希望。

先生，英国人听我的话时十分仔细，超过了我应得到的被注意的程度；从他的答话看来使我注意到了这一点。他对我说，您要知道，我不完全同意您的说法。我们非常容易叫自己相信人的权利在社会诞生之前是没有限制的，或者人在那时不曾有过任何义务。假如原始人也像现在的初生儿童一样，一开始就体验到使他们产生思想的感情，并逐渐发展、研究和改进这种感情，那么，把上述学说附会于人类诞生之初，也许是正确的。当人类的理性没有启蒙，人们只属于动物范畴的时候，都机械地受着快乐和痛苦的感情的支配。那时候，既没有权利，也没有义务；对这些自动机器还没有产生道德，正如对在森林里以草为食的野兽或在母亲怀抱里玩耍的婴儿没有产生道德一样。我们有过这种情况吗？这不是我们的情况，或许从来没有这种情况。

但是，当反复出现的欢乐和痛苦的感情在记忆中留下了一定数量的印象的时候，当人们由于经验而逐渐察觉周围事物之间存在的关系的时候，当他们能够思维、比较和推理的时候，是不是人们的权利就没有限制和不负任何义务了呢？为什么初生的理性不应当用去管理开始具有理性的人呢？为了使有理性的人能够平等和不受限制，需要用政府的法律来区别我们所谓的公正和不公正、光荣和可耻、善和恶吗？在公民之间还没有任何协议的时候，人们就可以区别诚实和变节、残暴和善行，因为人们生在世上，对于同类的善行或暴行是能够感到快乐或痛苦的，而且他们能够发展道德本能，以使自己的品质高尚。

英国先生插嘴说，请您注意，善恶思想的产生必然先于社会的建立。如果没有这种思想，人们怎么能够想到制定法律呢？他们怎么能够知道须要禁止什么和命令什么呢？您的哲学使您承认存在着没有原因的结果。如果人们在自然状态下就知道了恶，他们就不可能什么都做出来，他们的理性将成为他们的法律和命令者，从而他们的权利就会受到限制；如果他们都达到了善的地步，他们就会履行自己的义务。英国先生微笑着继续说，您应当承认，社会的建立不仅没有恶化我们的本性，反而使它完美了。法律和一切政治管理机器，只是为了帮助我们的几乎经常无力对付欲念的理性而制定出来的。

如果我没有说错，就应当从我认为不可置疑的这个原则中得出如下的结论：公民有权要求社会改进他们的状况。我认为，人们在结成社会时所规定的法律、契约或协议，是规定他们的权利和义务的一般法律；只要没有找到更合理的法律，公民就应当遵守它们；但是，当公民被理性启发和改进之后，还应当使自己为谬见而牺牲吗？如果公民们定出了荒谬的协议，如果他们建立了不能维持法制的政府，如果在寻找幸福的途中走向相反的方向，如果他们不幸地叫无知和背信的引路人领上了不应走的道路，那么，您能够毫无人情地叫他们永久成为错误和谬见的牺牲品吗？有了公民的名称就应当不要人的品格了吗？为了帮助理性和维护我们的自由而创造的法律，应当降低我们的身份和把我们变成奴隶吗？为了便于满足人们的需要而创造的社会应当使人们不幸吗？我们的追求幸福的渴望，经常反对我们所受的欺骗和暴力。我为什么不能有权反对那些不能给社会带来所期望的东西的法律呢？难道我的理性向我说：我不应当对自己和对我所属的社会履行任何义务吗？

您所读过的那些作品的作家——英国先生继续说——毫无疑问是非常可敬的，但他们在研究自然权利和政治时还没有采用哲学。在他们著书的时候，几乎各地都已建立了君主政体；这种政体是在不合理的封建制度的基础上建立起来的，封建制度给欧洲带来了最粗暴的偏见，使各国的国王，或更正确点说，使他们的大臣，得以滥用职权，像控制人民那样去控制真理。格劳修斯是一位比哲学家还伟大的博学之士，但是，我们感到这位似乎为寻求真理而生的伟大天才并不相信自己的力量。勇敢的真理把他吓倒，他没有勇气去攻打和摧毁被人尊重的谬见。他出生在一个重视自由的新兴共和国里，但是，他却遭到了被放逐的命运。他在那里（瑞典——译者注）为克里斯提娜女王服务。当时，他写完论和平和战争法规的著作，并打算在贵国的路易十三世的帮助下出版。普封道夫生在一个只有人民的压迫者才享有自由的国度里；有时，我认为他是一位使我怀疑的哲学家，我怀疑他把自己知道的真理隐藏起来，甚至为此不肯放弃某些庇护他的国王对他的好处。至于沃尔弗，几乎具有这两位学者所持有的一切谬见；他那谁都没有耐性读完的干燥无味的著作，既不能使人学到什么，也不会矇骗任何人。洛克可能赞扬霍布斯，认为他使你们知道了社会的基本原则；但是，由于若干原因和利益，霍布斯追随一个命运不好的政党，利用一切天才去建立对人类有害的制度；如果不是处于混乱状态，他就会体验到专制的苦难，他也会承认自己所欲建立的制度是有害的。

这些作家是怎样使公民丧失他们的最合法的权利呢？他们从来不全面地向人们介绍事物。他们有时把问题分析得过于细致，有时对问题作出过多的无用的补充。他们一味诡辩。他们在说明重视法律的问题时，极想使读者的注意力离开下述思想：如果存在着公正的法律，即符合于我们的本性的法律，那么，也一定有不公正的法律，而服从这种法律会降低人格，使国家衰败。他们好像没有看到能够引起他们注意的人和物。如果在这种与社会的建立和目的正相反的制度下，偶然出现了某种暂时的或似是而非的幸福，那么，他们将会大胆地向你们宣称：这是绝妙的政治，应当不使它的和谐遭到破坏。他们将会向你们证明，应当盲从法律；并花言巧语或冗长无味地向你们解释，要想研究这种政治，将会给你们带来很多危险。如果让他们任意议论，他们也会向你们证明自然界的造物主是不对的，因为它赋予了你们以理性；其次，证明造物主应当在统治你们的和毫不动脑筋的执政者的理性面前保持缄默。他们大谈无政府的混乱和内战；读者的思想因此担起忧来；在恐怖的心情下，读者最容易相信他们的话。

如果我向你们证明一项不公正的法律可以在国内散布许多罪恶；如果我向你们说明大多数政府的恶习都来自企图贬低人格的微小谬见；如果我向你们指出违反我们的理性和本性的奴役性盲从的有害后果，说明本性赋给我们理性并使我们变成自动机器，那么，谁会知道你们会说些什么！我要向你们证明，如果爱秩序和爱安宁的习惯不是从教育中培养出来的，它不久就会使我们遭到本想避免的各种灾难；如果我向你们指出你们的立法者的原则必然要产生专制及其监狱、刽子手、掠夺、破坏、残酷和暴行，那么，这一

切不会使你们产生怀疑吗?

英国人坚信不移地补充说,先生,不论在任何时候,如果脱离自然界给我们规定的秩序,就不能不受到惩罚。在我们不求自然界给予忠告,而希望比自然界英明或幸福的时候,受到惩罚是公正的;我有许多话要对您说!可是,我要您注意的那些疑问,已经够您解答的了。英国先生微笑着说,要是再谈自然权利和政治,恐怕会玷污这些幽雅的花园。我赶忙反驳说,不行,还得谈下去,您想改变话题是办不到的;阁下,您不是为此打开我的眼界指出过我的错误看法吗!要是没有您的帮助,我始终不会摆脱谬见。我真感到荣幸,因为听您说过:隐瞒真理就是犯罪。您甘愿做一个犯罪分子吗?我很无知,并有许多偏见,您要对它们的后果负责。

先生:我无法向您说明我的头脑里装了多少乱七八糟的思想;我至今所想的一切都破灭了。我的智慧在寻找自己能够接受的真理,同时投向各个方面。我们站起来继续散步;英国先生还要让我欣赏几座雕像,可是我只想和他讨论并希望得到启发。

他说,你们的富丽堂皇我认为太过分了:你们把这个阿波罗(Apollon)神像、这些牧羊儿童雕像、我们已经观赏过的姑娄巴(Clepotra)雕像和那些本应当放在室内的战士像都放在外面,任其风吹雨淋,你们简直不知道它们的价值。我回答他,阁下,在您向我证明修建这座花园是败坏道德和政治的大罪之后,这些小小的错误就不太打动我的心了。英国先生说,最初,您认为我过于严格,现在,我想要求你们仁慈一点,因为你们的国王至少是有能力修建优美的游览场所的。一个法国人在欣赏这些东西时可以不受良心的谴责,因为这些东西是为他而修建的;而一个英国人看到它们时，也可以得到一些快乐，因为或许我们要把你们向我们显示的海上优势归功于这种富丽堂皇。

先生：不管这位英国人怎样离开话题，我总是非常爱谈我还不清楚的关于权利和义务的问题，免得不断地回到这个问题上来。我对他说，是您引起我追问您的。您为什么要向我谈到对人类最为重要的道德方面的问题呢？现在回去还早，从这里再去观赏一些雕像，它们都是一些不太古老、非常平凡和不太好的修复品。阁下，人比人所创造的艺术更值得重视。

英国先生说，您一定要谈这个问题吗？好，谈吧，我同意跟您谈，但是，为了避免发生错误，我们尽量不要太快，而要按部就班谈下去。为了定出研究公民的权利和义务时应守的规则，我们要仔细研究人的本性。既然我们发现人的本性有一种固有的东西不能与它分离，那么，我们就不能轻视人的本性，而要由此作出结论：为了人类的幸福而建立的社会和政府，无权剥夺公民享受这种幸福。

在我们所具有的一切东西中，最重要和最高尚的是理性；它是上帝用来教导我们理解我们的义务的机关，也是能够引导我们走向幸福的唯一指导者。西塞罗所说的无论是元老院或者是人民都不能使我们解除的永远不变的规律，就是指的这个。这个规律在雅典和罗马都是同样的，而且将永远存在下去；不适应这个规律，就表明不再是人。如果我所依附的政府使我可以自由地和充分地利用自己的理性，如果它只支持我履行我认为重要的义务，那么，我会清楚地感到我应当尊重这个政府。统治者要履行人类的义务；我的任务是服从他们，并在某一欲念引起破坏社会和谐的思想时赶快帮助他们。英国先生握着我的手说，但是，如果您碰巧生在一个被统治者的欲念蹂躏的国家,如果专制或自然界的敌人憎恨自然界给予我们的权利,如果您或你们同胞把自己看成奴隶或牛马,那么,您的理性难道会向您说:在人们失去自然独立而建立政府和法律的时候为自己规定的美好目标就是这样吗?既然上帝命令你做人,难道你就不应当反对使你变成动物的暴君和维护自己的权利吗?难道你的任务在于助他为虐吗?

英国先生继续说,我们认为,自由是人类具有的第二个特点,对于我们说来,它的重要性与理性相等,它甚至与理性不可分离。自然界赋予我们以思考和判断的能力,而如果没有自由,我们就不能利用自己的理性,这种情况对我们发生了什么影响呢?如果上帝希望用某一统治者的意志来代替我的意志,那么,它毫无疑问会创造一种特殊的人来执行这项神圣职务。它没有创造一个这样的人;所以我在社会上应当自由。法律、政府和公务人员在整个社会中拥有的权限,整个说来与每个人的理性所具有的权限是一样的。为了使我指导、调节和节制自己的欲念,为了使我警觉欲念的迷惑并防止这种害处,才赋予我以理性。政府的义务也是这样,因为人们设置法律和公务人员,以及用国家政权来武装公务人员,只是为了再来帮助个体的理性,使它能够牢固地控制欲念,并通过某种奇妙的方法使欲念像它们发生有害作用那样去发生有益作用。

在对人的本性作了这番讨论以后(我只对您写了一个大概),我能够再去做被我们美其名为文明的那些狂妄行为吗?我能够这样迷惑地相信公民的义务在于固执谬见,而他们的唯一权利是忍耐不公正吗?那些宫廷的谄媚者在劝我们盲从我们所属的各种政府时,想说些什么呢?我认为,最初的一些人还没有经验,学识不

多，他们在制定法律和建立政府的时候可能犯了错误，并错误地认为自己会永远属于他们所建立的第一个政权。我觉得，这表明把没有理性的法律强加给有理性的人。自然界逐渐地赋予人以理性，它在形成过程中可能受到谬见的影响，而且只能依靠经验来发展和英明地应用。我要问这些拥护一切政府的人，你们是不是要无人道地不让易洛魁人在感到自己的野蛮行为可耻时有权改变他们的粗鲁和走向文明呢？既然美洲人有权改革自己的政府，那么，欧洲人为什么要被剥夺这种特权呢？如果他的同胞还处在原始的愚昧无知状态，或者，如果他们曾经知道社会的真正基础，难道在时间和欲念的影响下就把这些基础忘掉了吗？如果因为莱喀古士不是全权的立法者，而径自改革斯巴达政府，并使自己的同胞成了希腊的最有美德的和最幸福的人民，难道就能够因此认为莱喀古士是荒诞的叛乱分子吗？

1758 年 8 月 12 日，于玛尔莱

第二封信

第二次谈话。在每个国家里，公民都有权努力建立最能创造社会幸福的政府。公民的建立这种政府的义务。公民为此应当使用的手段。

先生，我没有等您来函答复我昨天的信件，又急于给您写信，这是因为我认为您想要知道我这位英国的苏格拉底的政治哲学的急切心情，并不亚于我跟他谈话时得到的快乐和知识。今天早晨，我们到上游的花园去散步。虽然夏尔潘吉(Charpantier)像以前那样,不关心整顿这些花园,但这些花园的豪华又成了我们的话题。这些豪华,对于颠沛流离的穷人来说,简直是一种侮辱!使人们不为这种豪华愤慨而几乎经常为它们喝彩的人类智慧的病症究竟是什么呢?这种豪华对于有钱的人是多么厌倦啊!可是他们并没有因为自己的努力而得到报酬,因为按照自然界的法则,我们为自己所创造的人为的需要,不能为我们带来真正的快乐。善于认识真正的伟大的人,当然要认为这种豪华是十分庸俗而不公正的!可惜(也是使英国先生恼怒的),豪华比任何其他东西都能促进在人们中间散布虚伪观念;它叫人心容纳一切恶行,并迫使人们喜爱它们,妨害人民试图接近自然规律。

在提起我们昨天讨论的问题时——英国先生终于对我说——我认为,自然界赋予我们的理性,自然界在我们初生时给予我们的自由,以及自然界在我们心中播下的不可遏止的追求幸福的愿望,是每个人有权反对统治我们的不公正政府的侵犯的三种本能。我由此得出结论:如果一个公民建议他的同胞实行的政治制度比他们任意实行的制度,或不知不觉由生活、环境和欲念所造成的制度还合理,他就不是阴谋家和社会安宁的破坏者。您同意这个命题吗?阁下,必须同意,不然是不合理的。为什么!——他反驳说——我也可以由此作出如下的无可置辩的结论:如果能够证明只有一个良好的政府,那么,每个公民将会尽一切努力去建立这样的政府。

我对英国人说,我认为你们的后果是:你们的公民争取权利容易,但永远不能享用权利。他打断我的话反驳说,您怎么认识这点呢？为什么永远不能享用权利？我回答他说，因为政治家们不想同意这个问题。英国先生又说，如果你让他们不诚实地、胡乱地讨论和争执这个问题，他们将会随便利用自己的聪明，使自己的理论为暴君或某些爱好虚荣的统治者服务。但是，显而易见，建立社会的目的，只是为了剥夺含有危险毒素的欲念，信任理性，建立法律的统治，并以此防止暴政和混乱。这样，就能建立起公共幸福的宝库，每个公民和公务人员由这座宝库中汲取个人的幸福。

如果国家的制度只压制一部分公民的欲念，那么，这种制度将会引起公民的憎恨，这难道不明显吗？这会产生什么结果呢？英国先生接着说，这要产生几十种后果，但其中的最后结果是：使职务世袭或甚至只规定终身职务的社会秩序，与社会应当向往的目的矛盾。这种社会秩序必然藏有重大的缺陷，即使它的各种制度本来很好，也要受这种缺陷的破坏和影响。请您想一想人类的无知和不幸的情景，考察一下我们的欲念的发展，研究一下历史，然后作出结论。我相信，您会坚定不移地认为任何时代和任何国家的一条不可置疑的真理，就是对于公职或执行机关的信任应当有一定的期限。这种制度一定符合于每个诚实的公民为自己规定的目的。

先生，我不知道自己怎么办才好；英国人发现我对这些不太熟悉的理论表示惊奇以后，握着我的一只手说：请您彻底相信我的话，如果我说的不对，我可以向您保证，马上把那些话收回。他接着说，如果法律不赋予统治者以公民不得反对的权限和势力，那么一切欲念，即迫使每个人只看到和感到私人利益的社会秩序的永久敌人，就不会被消灭，或不会被社会合理地管制起来，这难道不

正确吗？但是请仔细地研究一下这个问题，您将会看到他所指出的这个缺点造成了古今各共和国的一切混乱和无政府状态，在这些共和国里，公民不受法律和统治者的拘束时，便不安分守己，而当他们在放任的状况下把自由与自己的奇怪想法和放荡行为混淆起来之后，便加速了国家的灭亡。

如果你们的统治者具有我所说的那样广泛职权，如果他们终身占有职位或使职位成为世袭的，你们将怎样去节制和控制他们的欲念呢？无论在什么地方，世袭的或国家的终身的职位都把以前受到严格限制的政权变成了专制和实行暴政的政权。如果有人心的话，能够对这一点有片刻的怀疑吗？不管你们设多少道障碍来防止你们的永远世袭统治者滥用职权，你们很快就会确信：只要公民不能摆脱对这种统治者的服从，统治者就会破坏法律。人民将会成为统治者的贪婪、虚荣和复仇的工具。你们授予统治者的权利，又会使他取得他所追求的其他权利。统治者将会放弃谦逊和节制，公民也会不久因为无知而忘却自己的人格，相信自己实际上应当低于不能再与自己属于同一阶级的人，并以自己的下贱行为和阿谀逢迎刺激统治者的欲念。

您可以拿什么来反对我呢？我回答他，阁下，我认为国家不限制任职期间可以达到社会的目的，即能够保证国家安全，不受公民和统治者的欲念的影响。为了达到这个目的，只须把政权分成若干部分，给每一部分定出义务，并且彼此平权，使管理公民的统治者本身服从法律。比如，你们英国就是这样。

英国先生反驳我说，恕我口直，您说错了，难道您没有想到，如果把公共政权分给几个互相敌对的统治者，它的活动就必然被干百种不同的障碍弱化，给公共福利带来损失吗？此外，难道我国的人民确如您所想象的那样容易地享有与国王平等的权力吗？难道权力的天平不是一直向国王那方面偏吗？国王手中经常持有的，而我们认为必须废除的特权的权力还不够大吗？他不是时常统治国会吗？这个现象的基本原因是什么呢？关于世袭的问题，就是英国人也不会怀疑我方才所述的看法。但是，在两个人讨论问题的时候，单说"均等"这个字是不够的，而且也不能说因此一切问题都能获得解决。英国先生接着说，我们现在来研究问题吧。我同意，把政权分成几个部分，从而在整个临时的统治者之间建立实际的均势，这是容易的；但是，人类智慧的任何努力都阻止不了常设的国家职位不逐渐地取得不知不觉地占了优势的作用。我想起您昨天用破坏我们的自由来威胁我。毫无疑问，您所以这样说，是因为据您看来职权世袭的统治者，特别是终身职权的统治者，要比临时的统治者有许多特权；这样的统治者虽然没有智慧和天才，但他能够消灭这些东西。如果叫我同意终身职权不会使共和国将来受到奴役的威胁，您就不能不同意终身职权必然使公务人员老迈和空谈。它要造成多少营私舞弊和胡作非为！任何事如需要用一生的时间来做，人们就会简单从事！他的心闷闷不乐，竞赛被压制了。罗马的执政官只有一年的执政荣誉，因此他要想再次执政必须努力。瑞典的议员只是在犯了一个大罪之后，才会失去他的地位。您认为罗马的执政官比起瑞典的议员来不是更好的、做事更认真和积极的公民吗？

世袭的职权更不好。生下来就伟大，这表明终生藐小；从小受人推崇和蒙蔽、青年时代享乐和任性的人，不善于思考问题，到老

年只会在自高自大，坚持偏见中，在自己的近人中间混日子。某些国王确很有才能，但没有一个人知道自己的义务和曾经对得起自己的命运。即使您能对我指出几个例外，您也不能依靠三四个例外来建立社会的普遍幸福。

英国先生接着说，但是，我们不要再谈应当偏重什么社会安全原则，应当偏重你们的或我们的原则这个问题了。我们另一次再谈这个问题，现在来谈别的。我们两个人都认为，公务人员对公民有绝对权力，法律对公务人员有绝对权力，这是达到社会所追求的幸福所不可缺少的。古代的人都认为这样，正确的思想也向每个人大声疾呼过这个问题。如果有一个国家治理得不好，它的法律经常变动，公务人员的权力是压迫人的或不可靠的，它的权力使一切都服从于它，那么，您在这个国家的公民面前，将用什么论点来争取把自己的同胞导致我们所希望的统治呢？请您想一想我们昨天所确定的原则。您感到有困难吧？您要公开地同意国家的这项权利，或者就要大胆地承认热爱祖国的公民的义务在于背叛社会的基本利益。

您说的对——我对他说——我深深感到困难。我认为您的推断很正确。但是，请允许我顺便追问一下。您也一定有错误。我不能发现您的议论中的可疑地方，这只证明我的无知和愚笨。最后——我有些激动和不快地补充说——如果不根据习惯和惯例，而用哲学的原则来治理社会，世界将会是太愚昧的了。英国先生笑了一笑，插进来说，这就是一切进行得这样好的缘故。我反驳说，也许这种迂迴办法是人类不可避免的本性；也许我们一定要走这条道路。早就有人说过，至善是善的敌人；当一切进行得还不错的时候，就让这样继续下去吧。我不主张确立法律和统治者的权限，并且不希望授权每个公民都去改革社会，这样，就会破坏国家的基础，或至少要使社会发生危险的动荡。这种理论虽然许诺您得到善果，但在实际上，却要造成恶果。法律和统治者会使公民相信的信念，要在所有的人的头脑中发生动摇。我们将面临一片混乱。我不能同意……

您生气了！好啦——英国先生说——为了请您息怒，我只补充一点：公民有利用这项权利的义务；其实，我认为，如果公民不违反自己的义务，便不会放弃这项权利；再说，不管原则怎样伟大，在它之上还有更伟大的原则。您将会同意我的见解。

……说实在的，我既不比您更勇敢，也不比您更不明智。如果您生活在一个东方国家，那里的人们习惯于受辱和奴役，不知道有法律，只知道听从命令，既不敢思考，也不敢行动，那么，我将对您说：想到把自由归还您的祖国的时候已经过去了。人永远不能失去自己的权利，理性不总是允许人去取得权利。理性考虑时间和条件，永远不允许追求幻想。

心里和头脑中存有某种力量的民族，理性比较大胆，同时也比较明智；正因为论述社会和公民的大多数哲学家没有把实现自己权利的合理愿望和追求幻想分开，所以对我们的理智和我们的义务只有模糊的认识。因此，有许多改革家成了自己的想法的完全失败的见证人。您在使用不合理的、为你们同胞反对的方法行使您的权利时，应受到责难；而您本着高尚的人心，谦逊而谨慎地行事时，就会得到尊敬。我承认，有时希望做一番比可靠的处世秘诀所认可的更大的事业，是适当的，因为正直的公民不再希望只在紧急的关头去拯救共和国，而伟大的志愿，有时又可以为您提供从来没有过的力量。但是，只有英明的人物能够判断这种情况，因为只有他可以使这种情况变成有利的条件。

……我知道——他对我说——只有在许多代以来听从暴君的任性和随意支配的国家里，才没有发生而且也不可能发生任何革命。在这样国家里，笼罩着愚昧无知，暗藏着不满情绪和隐秘的怨言，在那里，奴隶的哀鸣为恐怖心理——这一最有力量和最不合理的欲念压制下去；每个人只感到自己软弱，或者更正确点说，只感到自己微贱。因此，像战争失败、推翻王位、杀死国王的大臣和士兵起义这一类重大事件，应该会改变土耳其的面貌，给欲念指出新的方向，但不能使宫内发生任何变化。在没有濒临这种灾难边缘的每个国家里，人人都以为自己可能受到法律的保护，服从法律比服从大人先生的任性要好。可以受人尊重的最高政权在发生震动时不致狼狈周章，这种震动有时来自公民、统治者或君主的欲念发作，有时来自政府用以确立和巩固政权的多少有效的管理措施。即或整个民族不能为自己立法，它仍保存着某些足以自豪和引起他人恐惧与尊敬的作用。简而言之，企图取得新成就的最高政权，在前进途中可能遇到障碍；它在行动中可能落后，从而发生动摇，被人推翻。这时，我认为还会发生革命；同时，应当期待于良好的公民，他们有义务根据自己的状况和能力，努力把革命变成对祖国有利的事业。

如果为自己立法的有主权的人民不去经常巩固自己的自由，不能消除宪法所受到的最微小损害，他们不久就要服从于专制君主或几个有特权的家族，因为负责执法的公务人员比普通公民拥

有许多特权，普通公民经常不管公共事务，只知道绝对服从。请您相信，如果某个君主国家的庶民，比如法国的庶民十分轻率地听从欲念的影响，和事件的潮流，则行动自由与日俱增的专制，会经常取得胜利。英国先生插嘴说，有一个英国人曾说得很好：如果鼠疫能够给人封官授禄，它很快就会有自己的神学家和法律家，来证明它起源于神和抵抗它所造成的毁灭是有罪的。此外，您还应当注意这种情况：最能促进专制发展的欲念，比如恐怖、懒惰、吝啬、挥霍、爱荣誉和爱豪华的欲念，是十分多的；而勇气、谦逊、节制、爱劳动和爱公益的欲念，则是十分少的。

如果自由的人民不太注意防备威胁着他的危险，有时漠不关心；如果王国里的达官显贵总想奴役人民，而自高自大的小资产阶级则想采取交际花的花言巧语和下流手段，来提高自己的地位，那么，如果自由在暗中受到攻击，正直的人的任务是保卫和帮助自由，或筑起壁垒反对专制。首先，我们不要认为：凡是正在做着的事情都是将要做的事情的准则，你们的政府的原则都非常英明，问题只在于纠正它的错误。在这里，有一个最普遍和对社会最有害的谬见，它一直妨害着几乎所有国家的顺利发展。这等于希望根据幻想的计划建筑一座正式的大厦。说实在的，人太愚蠢了！您想阻止罪恶的发展吗？那就请您寻找罪恶的根源。您想排干河水吗？那就请您改变水源的流向。最粗笨的农民所想到的事情，我们的最机灵政治家都没有理解到。他们打算消灭各种政府所造成的舞弊行为，但只依靠公布法律来禁止这些舞弊行为。

我们不要再停滞于这种令人惊奇的无知状态了。让正直的人们尽一切努力，去清除犹如锁链把我们拴在轭上的偏见。我们要

使人人都明白他的价值。我们不能再忽视对自然规律的研究。我们要自己启蒙。知道自己的权利和义务的公民，可以迫使政府(这个政府已经强大得可以破坏法律，或者难于容忍任何一点反抗)认识自己。如果社会尊重爱国人士，则共和国的公务人员将会热心拥护自由；罗马的保民官，就是从这种公务人员当中选出来的。如果民族是有教养的，则在发生君主制度还能忍受的骚动时，庶民、法权的拥护者可以取胜；不过，专制制度经常要利用革命来给粗鲁无知的人带上枷锁。

但是，您要根据自己的能力和条件，以及自己的出发点，用各种方法去追求自由。英国先生说，假如我打算由此去巴黎，我就不想一下子就跳到巴黎。我要一步一步地走去：踏上通往善特哥山和奈利桥的公路，最后轻松顺利地走到巴黎。我们的心灵虽然不是实体的，但仍然像我们的肉体那样迟钝和沉重；漫长而急速的路程使我们的身体疲劳；当我的心灵过于突然地放弃自己所习惯的思想时，它还会恢复已被放弃的思想，因为它要感到自己好像处在一个不熟悉的环境里。应当研究和查明人们智慧的变动和欲念的发作，而不给它们规定任何不能实现的条件。就拿我们英国人来说，至今还不太了解王权的意义。我们以特权的形式给予国王以非常广泛的权力，以便我们可以马上在王国的废墟上建立起完美的共和国；我们不必实行罗马人的那种统治制度。

……虽然我们觉得自己的哲学思想很高明，但由于受到许多作家的影响，脑袋里还是装进了大量无用的东西，或许我们将来要为此而牺牲。如果我们不了解我们一向援引的约翰王签署的大宪章，在给予我们自由之后曾经是好的，但是，为了确立我们的自由，

现在还须要前进一步；如果我们不了解应当逐步剥夺国王管理和支配供国家需要的财政和税收的权利，禁止他任用私人和分封官职，剥夺他的宣战和媾和的权利（这种权利使他有了控制军队的大权），剥夺他的召开和解散国会的权利，剥夺他通过批准我们的法案草案来参加立法的权利（这种权利可使他破坏法律或使法律失去效力）；如果我们不去进行这些对我们说来是必要的改革，那么，我们就永远只会空有革命之名，而得不到革命之实，我们会让汉诺威王朝回到德国，使自己的新教徒在欧洲泛滥。但是，这意味着每一次都要重新做起，于是，我们最后可能被某一个机灵而爱功名的国王愚弄。

先生：如果相信这位英国人的话，则不管我们的处境如何无望，我们由此得到的好处也会比英国人从自由中得到的好处大。我们知道得很清楚，我们有主人；我们每天都有这种感觉：我们谈论法国的自由，而不想变成奴隶。如果人民不自己立法，不能以合理的命令迫使政府只成为工具和忠实的执法者，人民可以自由吗？据说，在没有自由的地方不一定产生专制！我们违反事物的本性，并为了自慰，而想出了某种幻想的君主政体、某种似乎有意义的思想、某种我们认为介于自由国家和专制政权之间的政体。我们说过，国王是最高的立法者；这就是说，我们承认他是我们的主人，但在这里要补充一句：他必须按照法律治国；其次，这也是说，我们被一种思想所迷惑，好像我们实际上只服从法律。我们相信，在专制政体和我们之间筑有一条高墙。所有这一切，实质上都是非常可笑的。空谈什么是我们最宝贵的东西，并没有用处。这是美丽的空谈，任何一个强大的团体，都不会认为自己应当维护这种空谈的

奇妙思想，而只有替它祷告和祝福而已；这种空谈不会节制重视自己权力、爱好功名和刚愎自用的国王，因为他们仍要坚持按照自己的方法治国的愿望。虽然我们的学说十分荒谬，但英国先生却认为它是我们离开和厌恶专制的证明。他没有预言我们的前途不好。他说，我们最喜欢做没有用处的空谈家，满足于胡说八道，而不愿意承认自己是奴隶。这种谬见和它给我们带来的活气，在幸福的环境下可以使正直的公民提出和重视有利于公益的真理。

我对英国先生说，不久以前，由于贵国的一些主教（顺便提一下，他们也像我们的主教那样恶劣，而且更是无知）的狂热引起了一场争论。在争论当中，我发觉贵国的立法者英明而大胆，没有求助于伟大的自然权利原则。毫无疑问，他们都知道这种原则，但是全体人民还未必了解和重视它们。他们没有向国王说："你是一个什么样的人？是人民使你成了现在这样的。把权利传给你的休·卡佩，也是和我们一样的庶民。是人民承认他当国王的，如果你不明白这一点，人民就可以叫你们家庭遭到查理大帝家庭所遭到的命运。法兰西不是属于你的，而你应当属于法兰西；你是法兰西的全权代表，是它的行政官。你的祖先只是利用机会，为了追求功名，而乘机取得立法权力的。难道偶然成功的篡夺就使你得到如此高贵和如此神圣不可侵犯的权利，以致当你除了自己的意志以外，不再希望有其他法律来限制你的行为的时候，你的人民都不能再要求永远不变的和不可动摇的自然规律了吗？"你们的立法者只承认法国有国王必须遵守的基本法律。立法者希望所谓探查到智力的情况，并确认他们的能力所能达到的程度，曾不连贯地发出过反对国王密令（Lettres de Cachet）的言论[42]，想起庶民的天赋自

由，提出立法的自由是法制的重要粗成部分的思想。这是一些可以成长结果的种子；这是真理的微弱光线，或许是灿烂的一日的曙光。

先生，我十分重视国会，并被斯坦霍普阁下的思想深深打动，以致使我打断他的话，向他表示他会给我们的立法者带来很多荣誉。毫无疑问，我们的立法者知道的东西很多，但对自然权利的最一般原则却完全无知。我坦白地向您承认，尽管我认为英国先生的学说十分合理，但我仅只被它所动摇，我还没有那种产生确信的安定感觉。我想起我所知道的一切学者和法律家，然后，我尽量用他们的学说来武装自己，向英国先生提出了使我不安的几个问题。但是，这封不像样的信已经写得很长，而且信差就要出发了。在下封信中，我再向您叙述我们的继续谈话。再见，我的朋友，衷心地拥抱您。

1758 年 8 月 13 日，于玛尔莱

第三封信

第二次谈话的继续。我对斯坦霍普爵士提出的异议。他的答复。

先生：您在等候我和斯坦霍普爵士的继续谈话。下面就是我们谈话的继续。我对我的哲学家说，我有点不好意思，我不承认自己被您的见解说服，而且旧有的偏见不是一日之间就可消除的，特别是当这种偏见已经成了体系的时候，更是如此。由于习惯的影响,我还保留着自己的偏见,但是良心要求我放弃它们。阁下,我愿意跟您交谈,并打算跟您缔结一项友好的协议:仿效古代哲学家的办法(他们只向智慧和谦逊早就经过他们考验的人士公开自己的秘密学说),把我们的原则在人民面前隐瞒起来,只授权贤明之士改革国家。

英国先生冷淡地回答我说,我不能同意这个先决条件,因为真理不能是非常明显、非常普遍和非常庸俗的。我说,我准备承认您对人们不能滥用的那些真理的看法是正确的,但是,阁下,您要小心,在您希望启发关于理性权利的理性时,会给因此更加不安、更加强烈和更加顽固的欲念增添新的食粮。我们书归正传,谈谈昨天提到的关于人的愚蠢和恶行的道德规则。人的理性是软弱的,强烈的欲念几乎总是使理性服从于自己,并折磨理性。我们对善行漠不关心,因此需要有一种使我们爱好善行的办法。如果人人都与上述情况相反,或者至少是:如果人们喜恶的程度不如向善的程度,那么,您的学说将会到处通行。如果用您所要求的慎重来缓和一下您的号召,人们更会听从这种号召。但是,如果在群众中传播这种救世的号召,那么请您相信,群众一定会利用这种号召去造反,因为大多数人的头脑不能全面地理解这种号召。最不满意的人会成为特别危险的人,因为他的欲念得到了理性和义务的语言。人们最容易把大臣看成是轻率、不公正或无知的人。人们不做任何有益的事情以后,就会丧失对我们原有的事情的兴趣。但是,我们现有的东西,总还比混乱状态为好。我已经向您说过,并且现在还要鼓起勇气,再一次向您说:人民脱离了完全无知的状态和取得表面的知识以后,变得蛮横无礼和不肯服从了。如果我们的大领

主们不愿意做公仆，他们就想再实行暴政。于是，到处都要发生损害公益的骚动。我坚持我的反对意见。阁下，说实在的，您得把实行改革的权利只限于一些哲学家！

英国先生反驳说，我为什么要这样呢？这样做，就等于犯了一个大错误。根据您的意见，一个人如果不是哲学家，就会因此成为劣等公民，并且一定固执自己的偏见！对于难于自己发现真理的人，应当赶快向他指明真理。难道公益对于哲学家和非哲学家不是同等的吗？为什么他们的权利不应当平等呢？

英国先生继续说，……我们逐步地来研究您的异议，如果我同意跟您缔结您所建议的协议，我的学说就要在一般不太出名的哲学家手中变成没有用处的东西，这种哲学家都非常懒惰，只研究自己的问题，或研究一些无用而奇特的思辨问题。假如他们都身居要职，热爱公益，那么请您相信，这些哲学家、国王或大臣由于禁止我们公开自己的秘密，禁止推广教育，始终不会在国内找到愿意帮助他们进行改革的贤士。

一个民族如果没有改变现状的强烈愿望，始终不会摆脱自己的恶行；只有当它的进化程度达到可以知道自己缺乏什么，并拿自己的现状与那些提供很大好处的别人的状况比较的时候，它才能够努力去改变现状。一个民族如果不明白有关社会及其形式和目的的最重要真理，不明白有关最能保证公益和繁荣国家的手段的最重要真理，那么，它所实行的一些偶然改革不会使民族得到幸福，而只会改变原来的不幸的性质；它对贫困已经习以为常，不知道自己应当作什么，最后变成不可救药的民族。无知的人民不会利用对他们最有利的条件，他们什么也不会利用。在为进行革命和创造公益而必然发生的暴乱中，人民只知听天由命，而不去指导命运；他们逐渐委靡不振，累得疲乏下去，陷入苦闷状态；他们没有希望，没有计划，没有善恶和好坏的概念；在习惯的影响下，他们将重新回到原来的状态。

使人民停滞在无知状态的想法是存在的，但是您要知道，只有在害怕自由的国家里，才流行这种奇怪的想法。人民的无知对身居要职的人有利，他们因此易于欺骗和压榨人民。有人说人民蛮横无礼，这是因为人民没有永远宽容，不愿忍受达官显贵的蛮横无礼。他们不肯屈服，而达官显贵们，则由于他们不愿意当驮重的牛马而要对他们治罪。有些骚动只是在我们的理智不足以利用它们的时候，才会变成危险的骚动，而准备完全不予制裁并认为自己可以做一切事情的政府，为了防止这种实际不存在的骚动，却加上了不公正的罪名，这是否合理呢？实际上，我认为，如果公民完全粗鲁和无知，他们会安静地生活；但是，我和您应当由这种安静中得出什么结论呢？这种安静跟锻炼麻木不仁的能力的糊涂完全一样；你们的公民——某个出身低微的小商人，会像仆人侍奉你们一样，为国家服务；他所以会俯首听命，是因为忍耐和经常贫困把他弄糊涂了。当人们结成社会的时候，难道能够致力于这种糊涂、愚蠢的忍耐和犹如死亡的不祥的安静吗？难道社会的幸福和力量就在这里吗？您怎么能够希望没有知觉的木乃伊成为善良的公民呢？

英国先生接着说，你们法国人，若不是因为你们的生活变化不大，相差无几，早就认为自己已经灭亡了。当你们去伦敦的时候，每次由加来到道维尔的途中，都好像遇到了暴风，因为你们不是海

员。在你们法国，发生任何一点小的骚动，出现任何一点小的不满，都会被你们认为是内战爆发和自相残杀。这是因为你们过于满足自己的轻率习性，对于社会的真正幸福一无所知。我听说，不久以前，你们的僧侣阶级与国会发生纠纷，你们当时好像觉得国家陷入了严重的无政府状态，感到自己非常不幸，因为可怜的报告消息的人同时在大街上通告着国会与宗教会议的互相矛盾的决议。我已经说过，感谢上帝，让繁荣幸福的基础，即法国人的智慧显露出来吧，为了启发他们的心灵，小小的意见分歧对他们也是需要的。我们英国人，为自己的勇敢而自豪；为了保持我们的优势，我们还要做某些努力来改进我们的政府。我看到我们的最著名的政治家对于你们未来的成就感到十分不安，并羡慕你们的未来的成就。

凡是能够理解人心的人，都不主张安静，因为安静可使公民麻木不仁，并必然导致法律的废止。假如，我们让一位不肯放弃自己的无限权力的暴君有这种主张安静的不合理想法，那么，在他意识到要遭到什么危险的时候，即使他很强大，也会感到软弱，害怕周围的一切。政治团体必须不断地运动，否则就会变成僵尸。但是，既然您这样热爱秩序和安静，为什么不主张法律在国王面前不发生任何作用的原则呢？您为什么不叫贵国的国会一言不发呢？您为什么不把国会对国王提出的相当谦逊的异议看成是什么造反的诽谤呢？您或许喜欢土耳其苏丹的繁荣国家所盛行的那种怡然自得的愚钝。你们害怕欲念；但是，要让这种恐怖心理不使你们产生窒息欲念的想法，会使你们走上反对自然界的忠告的道路。你们满足于扑灭欲念、节制欲念、管理欲念吧；自然界为此才赋予我们以理性。

难道在罗马共和国里,贵族和平民之间的经常纠纷曾经带来少量的幸福吗?如果那时的人民甘愿安静,不久就会被贵族奴役,而我们现在也就不会知道罗马人这个名称了。相反地,由于他们不断争吵,引起公民之间展开竞赛,才使政府达到高度的完善。只有法律统治一切,因而人民的精神变得坚强起来;国家的力量也是由此产生的。一个有才能的人也不会被埋没;功绩得到表彰并占有应得的地位;于是,拥有大量善良公民和伟大人物的共和国是幸福的,并受到邻国的尊敬。除了这个例子以外,我还可以向您举出我们英国,它的繁荣富强都有赖于被您认为是罪恶的动乱。亨利八世曾使我们感到恐惧,使我们幸福和叫我们习惯于奴役的伊丽莎白的天才迷惑过我们;如果我们的祖先智慧不多,不要自由,而甘愿安静,我们现在就不会依附于哪一位斯图亚特国王、他的情妇或大臣了吗?

英国先生以为他的结论摧毁了我的异议,可是事实并不如此。我说,我同意你们从这种动乱中得到了许多好处:你们的自由和我们所不知道的那种爱国主义,是这种动乱的产物。但是,除了这些以外,这种动乱就没有给你们带来任何灾难吗?你们的政党就是由此产生的,而政党的本性则妨害人们向善,麻痹公正的精神,叫人人都为自己的恶行和私利而牺牲。它们为了满足党魁的要求,曾经有多少次迫使你们作出决定,担负起违反祖国的福利的义务?

英国先生对我辩驳说,您要知道,你们的互相倾轧和彼此敌视的大臣就永远不会为了自己的一些小阴谋而牺牲国家吗?谁不知道在专制国家里,只关心自己命运的君主只是由于某种奇迹才有一些功绩的？谁不知道他经常受到互相争权夺势、企图控制他的女人、伪君子、宠臣和大臣的包围？人民的公开暴乱阴谋可以被注意并害怕这种暴乱阴谋的国家制止。在对付隐蔽的阴谋时，暴君只要耍一点花招和骗术，一句话，只使用一些小手段就可以，因为其余的办法对他们不利；他们所造成的罪恶，用任何善行也抵补不了。

我反驳说：阁下，难道你们的内战就没有严重地抵销你们的动乱所带来的一切好处吗？内战的一天……我要打断您的话——他活跃地说——这在你们法国，据说是对你们丧失自由的安慰，而且这种说法没有任何不正确的地方。请您注意——英国先生接着说——我们离开了谈话的主题；我认为每个公民都有权建立最能使社会幸福的政府，他们的责任在于：用一切可能的合理办法去建立这种政府。您会拿我们的内战来反对这个论点，认为这种意见似乎是内战的根源；其实，完全不是这样；我们完全是为了红玫瑰和白玫瑰的利益而互相残杀，可是我不认为可能更不合理地去流血。如果某些正直的公民不向狂信分子的狂想输进某些追求自由和公益的思想成分，已经暴发的几次宗教战争早就把我们毁灭了。我们喜欢战争，完全不是因为我们希望建立一个对我们最有好处的政体，我们在历次革命过程中，都断然给予国王以使他有时可以认为自己是专制统治者的特权。我们没有致力于巩固我们的自由，因此有时被迫持剑去保卫自由。如果我们的祖先对国王的特权不疯狂地和盲目地尊重（我们现在还在尊重这种特权），而知道我向您宣传的学说，我们的矛盾早就应该消失了。您以为，英国人在致力改革政府时准备互相残杀。但是，正是由于英国人完全没

有想到这一点，他们的没有很好加以巩固的自由，将来或许还需要使用武力来保卫和维护。

再者……英国先生看着我，沉默了一会儿，再者……可是我不敢向您说明我对内战的看法，因为您会把我看成是曾经有过的那种最好造反和最无理性的英国人。我以开玩笑的口吻对他说：阁下，有什么不敢的，大胆地说吧！我将洗耳恭听；再说，热爱人们幸福的公民可能有错误，不过他们永远不会引起我们的愤恨。

这么说，您喜欢听吗？好！——他贴近我的耳旁说——内战有时是伟大的福利。您得向我保证：不得惊讶，不准生气。我现在对您发挥我曾信口向您太突然而尖锐地谈出的思想。内战所以是坏事，是因为它破坏了人在结成社会时所追求的安全和幸福，使许多公民遭到死亡。内战是坏事，犹如切去手或脚是坏事一样，因为切去手脚是违反我们身体的构造的，并会给我们带来剧烈的疼痛。但是，当我们的手脚患坏疽的时候，把手脚切去却是好事。由此可见，在社会没有这种手术帮助就要因坏疽而死亡的时候，如果不用比喻，就是在社会有被专制制度毁灭的危险的时候，内战就是好事。请您仔细想一想这个道理——他继续说——当内战要引起无政府情况的时候；当失去了道德基础和不知道自己的权利与义务的公民，以不同的程度轻视和不理睬法律和执法者的时候；当公民成了坏人，但希望不受制裁而起来反对惩罚的时候；当最狡猾的人可以大胆地为所欲为，利用时机而谋利的时候，内战就是最大的坏事。这种内战已经不是可以恢复身体健康的手术了。坏疽沾染了血液，死亡已经扩及四肢；这样，就没有希望给濒死的人或想不受痛苦和不经抽搐而死亡的人找出一条好出路了。

当内战可以燃起爱祖国和尊重法律的烈火，引起对民族的权利和自由的正义保卫的时候，情况就完全不同了。恺撒、庞培、屋大维和安托尼乌斯的战争都是愚蠢的；不管胜利者是谁，最重要的是：由自己主宰一切，代替不再存在的法律。所有这些野心家，以及他们当时的一些领头的共谋者，彼此残杀，相继灭亡了；从他们的灰烬里产生了别的暴君。但是，您能不能用这种眼光去观察联合省[43]为摆脱菲利浦二世的统治而进行的战争呢？我同意采用激烈的手段；但这种手段应当能够拯救我，为了拯救我的生命，我才需要切去自己的手或脚。我觉得，——英国先生补充说——你们不容易说服荷兰人相信：他们的以勇敢、坚定和勤劳流芳千古的祖先，以在内战中不可避免的危险和不幸为代价来争取荷兰人现在所享有的自由时，竟犯了极大的错误。对不起，你们法国人在内战中会灭亡的；你们应当长期准备应付内战，要使用强壮剂，服用烈性饮料，一句话，就是要加强你们的热情。好了，咱们直截了当地说吧。你们完全不了解良好政府的原则应当是什么，公民的权利和义务是什么。为使内战不致变成你们的最大坏事，关于你们希望什么，你们害怕什么你们知道得太少了。至于谈到我们英国人，如果统治者还能够在今后三十年内和平而有耐心地败坏我们，迫使我们比尊重法律还要尊重国王，比重视自由还要重视商业、金钱和皇恩，那么，我们将不再会进行内战，而且无论如何我们都不会从内战中得到什么好处。

英国先生补充说，其次，在考察欧洲国家的政策，看到它把士兵与公民分离开，把兵役义务与一般公民义务分离开，并由此为专制政体准备武器和炮灰的时候，我只能为那个被迫把自己的自由

屈服于武力的民族十分惋惜。我担心我们在查理一世失败后所遭到的命运,会落到这个民族的身上。我们的议会军变成了它原来为之而战的议会的暴君。我们在争取自由的斗争取得胜利以后,受到了希望变成暴君的危险诱惑。当然,胜利的军队会轻视没有武装的资产阶级和劳动人民。奥兰治亲王虽然取得了胜利,但安于共和国的第一公民的地位,二十个克伦威尔才能赶得上一个奥兰治亲王。我为什么要说二十个呢?得一百个。

先生:我不知道这个学说对您的思想发生了什么影响,可是对于我来说,我坦白承认,我越深思这个学说,就越要放弃我原来的偏见。我开始明白,社会的压迫者以魔法使我们相信:为了我们的利益,不要阻止他们去争权夺势和办事不公;对于还相当有道德的人民来说,利用内战的害处比威胁他们的暴政的害处还大。从我接受英国思想以后,或者更正确点说,从我领教斯坦霍普阁下的高明哲学以后,我就不断自问:内战真比奴役还坏吗?任何一个尼禄或卡里古拉的残暴,都不致使我怕得要命;幸亏这种杀人魔王并不常见;他们只能吓倒那些粗鲁或卑贱的甘愿接近他们的宠臣;世界不久就会由他们的压迫下解放出来的。

但是,使我害怕的,是那种给我们造成欧洲的专制政体并压迫人民的道德颓废、屈从、愚蠢、孤独、缓慢而不断发展的大规模的荒废。如果内战又带来了更大灾难,那么,这种至少要暂时存在的灾难,在震撼人心的时候,还能够激起人们忍耐这种灾难所必要的勇气。我想起一位著名作家的话来,他说:人民在内战的动荡以后,比任何时候都更强大,更可尊敬,更幸福。科西嘉岛上的人,从爱自由的思想武装了他们以后,好像开始变成了一个新的民族。即使在动乱当中公民未必总能变好，但至少可以涌现出许多有才能的人，提高文化程度，而人心也会产生一定的自豪感。请您看一看，在亨利四世战胜巴黎联盟以后，法国的情况怎么样。或许，正是投石党运动（但是，这一运动的英雄们并不英明）使民族恢复了在红衣主教黎塞留统治时期丧失的那种积极性和高尚气概；或许，正是这种运动给后来的王权带来了光彩，而比路易十四的大臣还聪明的大臣，也会取得更大的特权。

先生：在您任意规定内战和对外战争之间的差别时，也有一部分偏见。我准备研究一下这种偏见的来源。我很相信您对我的友谊，使我敢于要求您允许我在叙述斯坦霍普阁下的思想的同时，发表一下自己的看法。您不是认为全体人民由于不了解自然权利和自己的欲念，而觉得自己跟古罗马人一样，没有把外国人或邻人与敌人分开吗？历史学家、诗人和演说家才有这种十分流行和轻率的想法；他们向我们宣传对外战争的光荣和胜利，而给内战加上了作乱和违反正义的罪名。我们的第一批先生，是在还没有正式形成的理性把各种谬见误认为真理的时代出现的；因此，后来这些先生轻率发表思想，作出了他们所写的和我们所信的他们的话都经过周密思考的结论，于是，我和大家一样，都被他们愚弄了。

实际上，任何战争给人类带来的危害都是一样的：对外战争给人类带来的危害，不亚于内战给个别社会带来的危害。毫无疑问，在上帝看来，各个社会的利益都是一样的，它在世界上创造人，不是为了彼此憎恨，相互杀戮，所以用山川或海湾把他们隔离开。既然对外战争虽是不良欲念发作的恶果，但有时可以带来好处，而自然权利有时甚至可以使对外战争成为必要（因为对外战争有时是使国家不受欺负，得到依法属于它的东西，以及不被灭亡的唯一手段），那么，我希望人们给我详细说明：为什么内战有时不能像对外战争这样，被严格的道德所认可呢？难道企图征服某一民族或拒绝弥补这一民族所受的损害的外敌比企图奴役本国人民或公开蔑视法律的内敌更有罪过吗？他们不都是做了不公正的事情吗？既然理性应当对他们同样谴责，那么，它为什么只允许用武力去反击一个敌人，而禁止抵抗另一个敌人呢？对于人民来说，难道以数万人的鲜血为代价去取得控制欧洲的某一城市或美洲的某一荒原的权利，或迫使他国在海上尊重本国的国旗和在宫廷里尊重本国的大使，比建立一个使公民可以安居乐业、不破坏法律和无所担忧的政府更有利吗？

如果存在着暴君，也就是说，统治者无理要求只有法律才能够和应当享有的权力，同时要用这种强权去压迫自己的臣民的时候，善良的公民有权进行内战。认为内战永远是不公正的，号召公民不要以武力对付暴力，这是最违反道德和公益的学说。先生，请您相信，负责教导我们学习有关我们的义务的规范的人士，都具有非常局限和十分可怜的观点，他们没有指明或者由于讨好当局而不愿意指明：迫使庶民永远不变地忍耐，等于引导国王向暴政发展，和为国王扫清走向暴政的道路。如果人民不认为它有权防御进犯的外敌，那么，他们毫无疑问要被征服。不愿意反抗内敌的民族，必然因此受到压迫。所以，我希望我们的神学家能够向我解释：上帝为什么把人民的内敌置于自己的保护之下，而准许我们敌视外敌呢？既然强权不是神圣的权利，而人们又具有某种理性的和道德的原则，那么，公正的原则是允许人民拿起武器，反抗破坏法律或滥用法律来窃取无限权力的压迫者的。

先生：您可以看到，斯坦霍普阁下播下的种子，没有落到贫瘠的土壤上，我希望他会为我的成就而高兴，使我在他的学生中占据光荣的地位。在他向我解释了自己的内战学说以后，我对他说：阁下，您已经使我信服您所想讲述的一切。他以开玩笑的口吻回答说：这是因为您很明理，而我对您说的又都合理。我反驳说：您想引诱我，我得提高警惕。但是，咱们俩的账还没有算清；我的偏见还要求您进一步打通；坦白地对您说，我还没有感到自己能够自由地运用我的新思想方法。我可以向您提出我所产生的几个疑问，并请您解释一下贵国的改革法案。

我接着说，凡是能够和甚至应当使自由的人民去保卫、恢复和建立自由的一切，我都知道得非常清楚。我对德国的情况并不担心，因为根据德国的立法，如果皇帝打算扩大他的约法所规定的特权时，可以被人民推翻，或用武力征服。在瑞典，国王服从基本法律的程度，一点也不亚于最下级的公民；实际上，想使瑞典人专给国王规定一种法律，并使他能够不受制裁地破坏这种法律，这是愚蠢的，或至少是没有用处的。你们英国有大宪章和某些高尚的法律——贵国的国会在最近这次革命时期通过的各种法令，使你们不难保卫自己的自由。不管格劳修斯和普封道夫怎样赞美无限权力，但他们仍然承认：在一定条件下服从于国王的每一个人民，可以自由地拿起武器，迫使国王遵守这些条件。我知道得非常清楚，没有签订关于绝对服从于国王的正式契约的任何人民，都有权使用一切力量建立有益的法律，以代替压迫他们的野蛮惯例。

但是，世界上也有甘愿把自己的幸福交给国王的丹麦人。毫无疑问，每个人都有把自己持有的权利让给他人的自由。为什么拥有实际立法权的民族不能把这项权利随同行政权一道交给他们的国王呢？我认为，对于完全放弃自己自由的民族来说，使它能恢复这种自由的那些好处，不是他们采取步骤的充分理由。如果人民不受不可置疑的最自由、最正式和最真正的契约的拘束，他们当中就不会再有法则和公正；这样的话，社会将要怎样呢？但是，既然需要狂热地服从这种契约，那么，不幸的丹麦人应当怎样呢？我认为，道德规律和政治规律在这里彼此矛盾，这种冲突使我无法理解。

英国先生回答我说：我们来研究一下，或许存在着某种我们不能随意放弃的权利，比如，从人和社会的实质中产生的不能与人和社会分离开来的权利；最无知的立法者也承认有这种权利。法律绝不会荒诞到命令犯人不要关心自己的安全和投案自首的程度。一切道德家都同意：在法官不能帮助我的时候，我可以行使他的权限去制裁袭击我的强盗。如果我在极端贫困和挨饿的时候偷了东西，法律应当不制裁我，因为我并不是小偷。这一切都是正确的，因为国家规定的法律，任何时候也不能违反自然规律。人们只是为了保护自己的生命，使它免遭暴力和贫困的威胁，才加入社会的；因此，要他们同时丧失自己有权期待于同胞的帮助，以及自身可以发现的自救条件，那是十分不合理的。这就是说，会使社会的生活条件比社会出现以前的生活条件更为不利。

如果人民向他们的国王说："我们发誓，我们必须只按照您的命令，并经过您的许可去呼吸，去饮水，去吃饭"，那么，您以为这种契约的效力会怎样呢？但是，假如——英国先生没等我回答，又接着说——这个国家的人民又向国王说:“至尊至上的、伟大的英明国王陛下,我们服从您的意志,高兴而自愿地要求您统治整个民族。从今以后,一切法律都服从于您,您可以随意解释法律、废除法律、增订法律,并根据尊意限制法律;请您按照自己的意思,随便任用、罢免、再任用和再恩赐各种官职吧;请您根据自己的意志支配王国的一切力量吧;您可以自行宣战和媾和;您愿意怎么收税就怎么收税吧;一切政权都属于您,没有在您之外的政权。”

如果我没有说错,这个让步是相当大的;但是,当这位无知的国王不知道应当怎样控制或者开始放任自己的欲念,并向自己的奴隶表明他们受到怎样的迷惑的时候,您是不是认为在这种情况下,即使这些奴隶有可能从他们所陷入的黑暗深渊中解放出来,他们的理性也一定对他们说:你们的追求幸福的权利已经一去不复返了呢?哪一个法院能够用三言两语的陈词滥调就破坏真实和公正,推翻一切自然权利,以及翻转一切社会概念呢?没有这样的法院。能够结成合乎理性的社会的,只有合乎理性的法令,而不是没有理性的法令!不反对国王的欲念或愚蠢行为,以保证自己安全,这就是没有理性。社会的主要目的,在于保护人们的生命、自由、安居乐业和财产,如果人们在结成社会以后,就朝着与此目的相反的方向去发展,那么,那岂不是无理性的事吗?一切文明国家的民事法院,都把在没有理性状态下制定的协议废除了;民事法院废弃了两人之间缔结的不公正和可耻的契约;理性(这是人民和国王的最高法官)禁止人们服从侮辱理性规律的神圣性的可笑约法。

这样的法令必然是没有根据的,因为它显然是没有理性的;若想使它具有某种合法的形式,就要赋予它以合理的性质;应当

想到，这种法令里包括着某种隐晦的、可以推断和暗有所指的条款，毫无疑问，这种条款是表明国王为了为庶民造福而行使自己的权力的。您不要以为这完全是我的推断，或是立法上的周密考虑；这是恒定的真理，因为无论如何，在任何情况下，任何时间，庶民都不能与追求幸福的愿望分离一刻；可见，他们的契约是有条件的，虽然这些条件并没有反映在契约里。因此，国王能够虔诚地把契约履行到什么程度，他们就能对契约服从到什么程度。

英国人又说下去，他说，先生，甚至当国家的基本法律达到应有的英明程度时，民族也有权把它委托给统治者的权力收回来，按照新的计划和另外一种比例来划分这种权力。或许，一个民族在破坏本来对它很好的秩序时，显得是不明智的，但它并没有违反公正原则。关于这一点的证明是简单而清晰的。所有的立法者已经证明了好几百次，合乎真理的最高权的重要标志，是绝对独立性或适应国家的各种条件和不同需要来改变法律的权利。实际上，要想使最高权力永远用自己的法律来束缚自己，或在今天提前把它在明天认为还必须建立的法律废弃，都是不合理性的。从古以来就是最高权力的代表者的人民，自己是政治制度的唯一创造者，是授予公务人员以全权或部分权利的权力分配者，当然始终有权解释自己的契约（更正确地说是自己的贡献），废除这种契约和建立新的秩序。我说，哎呀，阁下，您在折磨我，我的思想完全混乱了。自然界赐给我们的和难于使人赞同的这种危害性很大的权利，似乎要使人们遭受越来越多的不幸的命运。如果摆脱了所负的一切义务的人民可以经常改变自己的宪法，基本法律将会变成什么样

子呢？基本法律将变成它们所能够变成的样子——他冷淡地回答说——继被废除的基本法律以后，将会出现新的基本法律。我知道——我反驳说——但是，您并没有解除我的不安情绪。如果人们认为需要在他们的管理制度中建立一种塑造他们的性格和养成民族精神的成规；如果必须用这种成规来压制造反者和叛乱分子，使法律具有意义，使法律具有能比法律的英明性或许更使法律有效的一定强硬性，简言之，使整个国家具有固定不变的形式，得到可靠而一致的发展，那么，这种成规不将成为对人民的一件大好事吗？但是，要使人们相信，在任何时候他们都有权改变自己的政府；我也可以向您担保，任何一点小的任性，任何一点小的不满，都会引起重大的动乱。阁下，您要看到的不是基本法律的改变，而是一团混乱，这种混乱很快就会成为这种轻浮而不稳重的民族的常态。

好吧，咱们将来看吧！英国先生反驳我说，这是法国人的论点！您想用混乱来恐吓我；但是，既然您可以害怕我的学说的这一微小恶果，我就应当害怕您的那种可以造成各种不可挽救的错误的学说的极大恶果，难道您没有看到这一点吗？这是怎么回事呢？难道革命发生得还太少和不够残酷吗？听我说——他握着我的手，补充说——人民将会相信我方才向您叙述的道理的公正性，而且他们在改变基本法律的时候，完全不会违反这种法律。自然界规定了良好的秩序，要求人们信任习惯加予人们的专制政权。我们哲学家要深入地研究自己，认真地分析自己，而当发现自己几乎经常是一个庸俗的墨守成规的人时，必然会感到惭愧。人民对于奇怪而恶劣的政府已经司空见惯，这种政府的措施互相矛盾；他们是不是打算改变没有使自己遭到不幸的政府呢?国家的衰亡或暂时灾难,大部分来自人民墨守成规或法律,小部分来自改变法律的欲念。请您研究一下各族人民的历史,并给我指出哪一个民族是由于掉换政府而陷入无政府状态的;相反地,正是由于他们墨守成规,才忘记了并且终于丧失了自己的基本法律。随着时间和环境,政权逐渐因公务人员的散漫或欲念而定出简单的惯例和常规。但是,惯例并没有使法律无效的强大力量,即使法律的力量减弱了,也能与惯例斗争;到了这个时候,而且只有通过这样的途径,才会使人民走向无政府状态。

先生:在规定的时期以后,时效权可使极不稳定的占有权合法化,或许也可纠正社会的基本契约的缺点;它能使政府依靠手腕和力量逐渐取得与委托给它的权限完全不同的权限,最后变成专制国王的工具。我本想跟英国先生谈谈时效权的问题,但在谈话过程中,使我深深感到,我不难预见到他的答案,于是我只要求他说明:有没有不依靠契约而建立的国家。

我认为,发动非正义战争的人民必被敌人打败。我几乎难以了解,在他们败北以后,还会留下一些追求自由的权利。对这种人民宣战,就是宣判死刑,而且这个判决是正义的判决,因为这是制裁这种人民的非正义行为。我对英国先生说,既然胜利者主宰着战败者的生命,那么,战败者为什么不会为了自由而牺牲生命呢?已经不是社会成员并只等待灭亡的人民,究竟能有什么权利呢?

英国先生悠然地回答我说:他们有人类共同的权利。您对我谈的关于死刑判决的话是想说明什么呢?我觉得好像听见了阿提拉(Attila)①的声音;如果某些贪婪的人民把所战败的敌人置于奴隶的地位,那么,他们由于胜利而产生的暴行,以及为理性所谴责的不公正行为,完全不是什么与自然权利对立的权利,因为应当成为我们的行为规范的,不是我们已经完成的行为,而是我们应当完成的行为。现在我们是敌人。但是,难道应当由此得出英国可以毁灭法国(如果它能这样的话)和杀光法国人的结论吗?而你们能够把我们的海岛变成荒原吗?战争只允许杀死那些持有武器进行战争的公民,而妇女、儿童、老人和资产阶级……我是为他们的生命担心的!甚至屠杀放下武器和乞求饶恕的士兵,都是犯罪行为。

首先,我要向您指出——英国先生继续说——理解自己的真正利益的胜利者,必然要学习罗马人在他们的共和国最昌盛时期的宽大精神。罗马人保留了战败人民的法律、习惯、公务人员和政府;他们只要求跟战败人民结成同盟,保持友好。于是建立了伟大繁荣的帝国。

其次,认为战败人民不应享有社会权利,这是不正确的。每一个人,除了疯子或凶犯,如果跟有法律的人们生活在一起,就应当享有公民的权利。如果战败人民还没有跟胜利者签订协定,这显然说明战争状态仍继续存在,因此,他们没有对战胜者担负任何义务,还可以杀死战胜者,推翻战胜者加于他们的压迫。可见,认为战败人民的生命力不强,这是不真实的。如果签订了协定,战争结束了,那么,战败了的人民只在协定的条款不违背自然界和社会的

① 阿提拉(453 年卒)是匈奴部族的首领,曾率大军蹂躏高卢和意大利。——译者

目的的条件下履行协定。战胜者应当慎重,如果战胜者滥用自己的胜利和力量,把战败者的社会特权剥夺,那么,就使战败者回复到自然状态去,因而使他成为自由独立的人民。于是,空有和平的虚名,实际上继续存在着战争。我的敌人的残酷越不公正,我越有权与他斗争;如果他夺去了我必然作为社会一员的特权,我就有一切人权来反对他的暴政。我能否得救依靠我的勇敢,我能够为自己雪耻。对不起,我要反复说明这个十分重要的问题。人只是为了在自然状态中保持独立,在社会上成为一个公民而创造的,如果战胜我的人不承认我是这样的人,那么,这是他的罪过。因为我们没有被法律所拘束,在我们上面也没有统治者,所以我们可以起来暴动,以惩治胜利者;虽然我们的暴动的结果可能是不幸的,但暴动本身无论如何不是犯罪行为。上帝的英明真使人惊奇,他希望战胜者成为战败者的慈父和保护者;如果战胜者滥用自己的胜利,上帝就会在他的新臣民中间给他制造敌人。如果战胜者的压迫方法很高明,使战败者不能推翻他的压迫,战胜者也会自己衰弱下去,因为他破坏了自己政权的基础,遇有外敌侵犯时,得不到他的奴隶的任何帮助。

哎呀,阁下,我真高兴——我高声喊着说——您的高见使我感到不好意思!不仅我的头脑,而且还有我的心,都在接受您的观点,可是我未能充分领会这种充满人道精神的学说。当然,我要永远放弃无限权力的拥护者所臆造出来的诡辩;我确信,除了以合乎理性的契约为根基的权力以外,再没有其他合法的权力,只有法律有权统治人,谁都可以建立自己的权力。由此可见,任何一个自由的人民,都可以用限制、减少和增加统治者的权限的办法,来建立自己的自由;任何一个被奴役的人民,都可以努力恢复自己的自由。认为公民想使社会变得更合理的意愿是犯罪,这是极其荒谬的;我需要利用您的学说来分析这种荒谬性质,这不是令人惊奇的吗?可是我已经感到,我的格劳修斯们和我的普封道夫们都错了,他们叫人们等到虐政的暴行达到极限的时候才起来反抗。

英国先生说,是啊!这跟病人死后求医完全一样。

他继续说,英国的国王并不高人一等,因此,我们若是不原谅他也有我们每个人所有的那种请求他人给以宽恕的人类弱点,那就不公正了。错误,失策,疏忽,甚至愚蠢,所有这些都不要紧。但是,他是不是企图靠着损害哪怕是一个公民未创立某种权利呢?他想不想把自己的特权扩展到为他规定的范围以外去呢?他敢不敢设想他所有的一切似乎不是得自他的人民呢?一有野心的征兆出现,人民就应当以最大的力量行动起来。法律家可能喊叫起来,认为这没有什么,说你们在为一些小事折磨自己。但是,我可以向他们回答,这是一些可以逐渐增加和相继扩大,最后能创造无限权力的小事。贵国在卡佩王朝的最初几代国王统治时期并不强大,可是不知不觉,他们夺取了诸侯及其领地的权利,并终于造成了可以用自己的压力来镇服一切的强权。贵国的僧侣阶级、贵国的贵族阶级和贵国的第三等级经常说,不值得因为这些小事而争执和对立;可是,就是这种非常的小心谨慎逐渐减弱了他们的力量,使他们不能发生任何作用了。这就是贵国学者的学说所必然导致的深渊。请您判断一下,这种学说合乎理性吗?

请您读一读普封道夫的著作吧,他在一个地方问道:一个受人谋害而不能自救的无辜公民,应不应当忍耐穷凶极恶的主人为所

欲为呢？国王一破坏他与社会的联系，对于庶民来说，也就不再有这种联系了，普封道夫极力不去注意这一点，他最后允许这个不幸的人诉诸武力，但是根据他的奇怪的“慷慨”，竟希望这位不幸的人成为武力的牺牲品，因为他不准许这个人的同胞去援助这个人。应当承认，普封道夫完全不像梭伦那样推论。有一次，有人问这位雅典的立法者：您认为什么样的城市最幸福和最文明？梭伦回答：每个公民都认为侮辱他的同胞就等于侮辱他自己，并像为自己复仇一样慷慨激昂地去为同胞复仇的城市，是最幸福和最文明的。可见，我们的道德水平的低微，已大大降低了我们的精神和法律的价值！梭伦要求于雅典人民的美德，在今天竟被视为造反者的罪行。普封道夫怎么能够不觉得加于我的同胞身上的暴力也是对我的侮辱呢？如果我不消灭这个刚刚出现的暴政，它很快就会强大起来；我应不应该也变成它的牺牲品呢？

我们的散步应当结束了，我们回去吧——英国先生补充说——但是，关于时效权的问题，还有几句话我不能不对您说。有许多法律家，曾替专制独裁的君主和篡夺最高权力的贵族家庭卫护过这项权利。您为什么放过了这个重要的论据呢？我很想利用这个论据——我回答他——但是应当考虑到，在涉及私人的所有权的问题时，时效法是合理的，但不能把这种法律用于我们现在所谈的比较高的对象上，即不能用于国家管理的原则上。

先生，为公民申请权利和互相要求权利规定期限的时效法，确实给公民带来了很大好处。如果谁也永远不能相信自己能够安然使用所住的房子和所种的土地，那么，各个家庭能够安居乐业吗？这是多么不稳定的状态！这会给贪婪、不诚实和纠葛大开方便之门！法官能够钻入无量的时间去查明真相吗？从私有制存在以来，时效法是最英明的一种民法，因为它指向社会为自己规定的目标，并在公民之间建立了有效的和平秩序。但是，在这种法律的效力扩及国王和公务人员的争权夺势行为时，便要促成混乱和专横跋扈，即促使消灭社会的基础和目的。

我继续说，此外，公民在一定期限没有要求他的房屋或地产，法律可以取消公民要求归还这种财产的权利，因为公民只能根据民法给予他的权利去要求这种产权。但是，为了维持秩序与和平，法律可以对于许多年来安然占有这种财产的人给予较高的权利。这时，法律的这种决定没有任何不公正的地方，因为自然规律对于公民财产问题从不过问，一切都决定于公民之间缔结的协定。因此，各国的法制，甚至同一国家的各个地方的法制，也有令人惊奇的差异，比如在法国，多飞境内的合法产权，在诺曼底境内就不合法。

在我们从社会的政治制度方面来研究公民的时候，情况就不同了。阁下，您对我说过，除房产外，根据另外一些权利，我们持有人格和自由。您还指教过我，说我们具有自然界赋予的一定权利。这就是我们的人身所有权，它不能与我们分离开，我们也不能放弃它；因此，任何一项人为的法律都不能使我们失去这项权利。如果自由的和真正的法令对国王所作的某些让步没有发生任何效力，那么，怎么能够利用时效法来迫使庶民尊重依靠力量和手腕而进行的争权夺势呢？占有的时间越早，越能向暴君提出抗议，越有权利反对暴君的要求。

英国先生对我说，我还听说过，人们有时谈论什么默认，可是我不认为这种权利是合法的。有人说,某个国王由于特别情况或偶然机会,没有遇到臣民的反对或抵制就取得了新的特权,并在臣民默认的基础上,合法地运用着这种特权。显而易见,这种权利对于一个弱小和受奴役的民族来说,并没有什么意义,因为他们的一小点不满和微小的不同意表现都被认为是犯罪。只有在设有可以表示自己的意志的三级会议或国会的自由民族那里,臣民的沉默才能被认为是默认。比如,我们英国的国王就以某种方式取得了各种特权,并在合法地利用着它们,因为人民认为,既然国会知道了这项权利,而且没有去阻止使用这种权利,那么,这就是说,国会已经同意了。但是,当我们的民族看到有危险威胁自己安全的时候,经常有自由废除根据简单的权利惯例规定的和可以忍受的法律,这正如我们可以为了我们的最大的福利,剥夺国王通过正式法律取得的特权一样。当我们甚至不能宽恕最庄严的法令的时候,这种罪恶的默认会变成什么呢?

先生:再见吧。我向您保证,下次一定少写一点。如果检查信件的官员打开这封信,我希望他一点也不会了解里面写的是什么。

1758 年 8 月 15 日,于玛尔莱

第四封信

第三次谈话。研究西塞罗的法律论的若干片段。不应当服从不公正的法律。各族人民建立英明的或不公正的法律的原因。

先生,在阅读我的信的时候,您是不是觉得您的心灵好像提高

了？这将是使我非常愉快的嘉奖。这就是说，我成功地把斯坦霍普阁下的精神灌入我的信里了，他的这种精神使讨论生动有趣，打动人心，为社会思想指出真理。我希望您不会奉承我，因为我认为，自从我理解了自己的权利和义务以后，我就和您有了同样的感觉。我觉得空虚的功名和地位，不会再影响我的思想。我认为戴着镣铐的被废黜的国王是命运最悲惨的人；我把这个世界上的伟人看成是一种狱卒。

在昨天我们第三次散步时，我对他说，阁下，蒙您帮助，我知道了每个国家的人民的权利；我知道，自由是自然界的恩施，而无限权力则是不幸的极限；我知道，最不合理的现象是：使脱离了真正宗旨的法律从属于君主的意志。但是，困难并不在于使人认识真理，而在于执行真理的命令。我曾经试图预见到您会给我什么指教，可是我在迷宫中迷了路。在我请求您帮助我走出迷宫之前，请允许我再用几分钟时间，跟您谈一下与我们的上一次谈话有十分密切关系的问题。

问题是法律方面的。西塞罗写过一篇法律论文；我昨天晚上翻阅他的著作，偶然读到十分重要的一段。这位哲学家攻击伊壁鸠鲁主义者，后者认为只有政府的法律所命令或所禁止的，才是公正或不公正的。他生气地喊叫说，怎么认为的！想使暴君创造的法律成为公正的法律，这可能吗！如果希腊的三十个僭主想给雅典人制定法律，如果雅典人表示同意这些法律，这就是服从三十位僭主的动机吗？西塞罗说，毫无疑问不是，人所负有的只有一项权利，规定权利的只有一项法律，这项法律就是健康的理性，理性指示人们应当命令什么和禁止什么。他又说，许多民族容许自己存有一些极有害的东西，这些东西远远地离开了理性，就像强盗之间的阴谋协定离开理性一样。我应当在什么权利的名义下服从于它们呢？不公正的法律，不管是以什么名义出现的，比无知的巫医的致命草药之难于成为救命良药还难于成为法律，即使人民可能服从它。

阁下，最初，我本打算像西塞罗那样去认识问题，并愿意像他评论柏拉图那样去评论他，我认为同他一起陷入错误认识，还比同其他哲学家去寻找真理为好。但是，我的大胆想法，即认为我自身的理性是我的首席法官、我的第一统治者和我的第一国王，并没有使我吃惊。我相信上帝赋予我以理性，绝不是叫我去服从他人的理性。我一想到我对任何人也不能放弃我所固有的权利，就产生一种不安并失去信心。有多少人就有多少意见，但是，存有包罗万象的理性，即存有容纳一切意见的法律，难道对社会的福利不重要吗？最后，阁下，西塞罗的思想跟您的下述见解非常符合：必须用理性来管理有理性的人。但是，我觉得这种思想跟您的法律学说有些矛盾。您对我说过，人人都应当服从法律；公民不得抗拒公务人员，而公务人员应当是法律的奴隶；社会的福利就是由此产生的，我和您一样，也认为是这样的。但是，有一个地方使我不解：既然公民有权拒不服从不公正的法律，那么，每个公民也就有权讨论法律。这就等于叫一切心地不良的人不服从法律，而品格不好的公民也就得到了制造暴乱的借口。我无法安心，如果我预见社会即将陷入混乱状态，我能够安心吗？

英国先生对我说，我们试把法律分成几等，这样，我们或许能够把理性的优点与好像跟我们矛盾的法律的权力调和起来，并判

断使您害怕的法律讨论所产生的危险或优点。关于自然规律，您可以理解，由于我们认为它们只是我们的理性的命令，所以没有多研究的必要；自然规律十分单纯和明显，把它们呈现在人们面前，就足以使人们服从，只有当人们因某种欲念而感到惊恐或大脑的机能失常时才是例外。思想最坏的人，头脑最单纯的农夫，也会像最能深思的哲学家一样，清楚地知道自己不应当对他人做出己所不欲的事情。即使一个人因为贫困和职业下贱而受到屈辱，您也能够使他对他的人格有所了解，而奥古斯都在接受司祭给他的供品，被元老院无耻地奉承之后，仍能感到他自己不过是一个人而已。我们越深入理解这些本源的自然规律，我们的政治法律就具有更大的意义；难道我们不是因为脱离了这项规则而把一切都损害了吗？

……我把每个国家的根本的或宪法的管理法归为人类的第一等法律。其实，——英国先生接着说，我聚精会神地听着他的话，——您若是认为判断法律的公正或不公正是粗鲁的行为，那您可太谦虚了；如果您否认您的亲近的人的这种特权，您就没有对他作很高的评价。您既不要害怕长期的论争，也不要畏惧吵吵嚷嚷的论辩：为了确认法律是不是自由的或依存于政权的，政府是不是关心公益，或者整个社会是不是牺牲了某一成员，只要有最普通的正确思想就够了。政府是不是在成立之初就是罪恶的东西，或者它是不是后来变质了——我认为您在上次谈话以后，对这个问题的看法，一定和西塞罗的完全一样。完全不必去设法使法律调和一切见解，因为这会增加社会的不幸，而要认为对法律提出的异议是成功的改革的开端。您的责任就在于促进这一开端继续发展。

不要害怕把武器交给不可靠的人或品格不好的公民，因为对压迫他们的政府的畏惧心理制止了他们；如果他们敢于说话，他们的不正确思想和恶劣意图可能使不公正的法律受到影响。

任何政府，不管它是什么样的，都是一切局部法律的泉源，立法者把局部法律分为经济法、刑法和民法等等。我也和柏拉图一样，不主张在幸福的地方（这种地方的法律是由自由的公民创造、想出和公布的，并且具有使法律伟大和产生效力的形式与合理而谨慎的缓慢）的公民拒不服从他认为不公正的法律，并且认为公民较法律更为明智。公民的理性可能过于自信，他们可以提出自己的怀疑，要求解释，但预先得服从法律。他们的这种服从不是罪恶，因为怀疑不是反对法律的动机；此外，难道他们的政府的英明不能证明他们的服从是正当的吗？

……君主泰然自若地在他的命令上写入：朕之意志如此。他根据什么理由和什么权利要求我服从他呢？难道制定法律这一对人十分神圣的工作能像打猎散步那样属于消遣性的事吗？如果出于自私的目的，暗地里制造一些既不按合法手续公布，也不能保证我安居乐业的法令，我怎么能够认为这些破纸是神圣的法律呢？暴君的职责超过人力，但脆弱的人类的美德完全不是为了防止帝王所遇到的诱惑和无数蒙蔽而创造的，只是这一点就使我怀疑暴君的为人了。我用我的逻辑证明公正无偏的法律是为公益着想的，人民不能成为暴君的大臣和宠臣的欲念的牺牲品。暴君的德瓦纳[44]每天所做的蠢事，会为没有受害的粗鲁老百姓所嘲笑。我不至于这样无理智以致认为自己必须服从这种命令。

不对，不对！西塞罗说得对：我们同意公民应当服从政权，而政权应当服从法律，这是无可争辩的真理。于是，您可以确信，在遵守这项原则的共和国里，法律的不公正表现永远不会产生有害的纠纷。但是，幸福的共和国在世界上是很少的，而自己的欲念经常倾向暴政和奴颜婢膝的人又丑恶或愚蠢得制造出不公正和不合理的法律，因此，究竟有什么别的方法能被用来对付这种罪恶，而不被认为是不服从呢？这会引起一些骚动，但是，为什么要害怕这个呢？这种骚动只会证明你们热爱秩序，希望恢复秩序。相反地，盲目服从证明麻木不仁的公民不分善恶。能够期待这种公民有什么作为吗？有思想的人致力建立合乎理性的政权；不经过考虑而服从的人甘愿作奴隶，因为他们受着欲念的控制。

我对英国先生说，请您回想一下西塞罗在叙述昆图斯以美丽的辞藻反对保民官的权限的法律论文中所提到的一项权利。西塞罗是怎样回答他的呢？我的兄弟，这是对保民官制度的不良方面的生动而真实的描述；但是，做事要公正，在揭发不良方面的同时，你要向我们指明保民官给我们提供的无数和无价的幸福。应当比较一下善恶，而且应当公正地比较。如果我们希望保民官去掉那些有时使他们产生虚荣、阴谋和诡计的暂时性缺陷，您就得从这一点出发，然后您会看到：您的共和国始终没有享受过那些有赖于保民官的积极、勇敢、坚定，经常和严格的警惕性和无价幸福。

在政治方面，大家的想法都与昆图斯一样；现在，我根据西塞罗的看法，对您说：这些使您担忧的小小动乱，确实造成了一些困难，但是，它们也产生了给国家带来安全和福利的好处。昆图斯的保民官们有时犯了错误，妨碍了有利措施的实行；但是在经常反对立法者的跋扈和元老院的虚荣方面，他们维护了作为共和国品质的人民品质。保民官们制定了法律，不允许用法律压迫人；保民官们振奋了公民的精神，发起了竞赛，使人民得到了各种福利。如果我们付出一定的劳动，从各个方面去研究我们本欲非难的事物，不仅观察它们的最近后果，而且也分析它们的最远后果，那么，这些事物将会有很大部分得到人们的赞同，这样的事物是很多的。

我们希望得到纯粹的、没有任何杂质的福利，但是这是空想，因为社会是由人，也就是由非常不完美的材料构成的。我们只能满足于自然界允许我们达到的那种完美程度，以及自然界赐予我们用去追求完美的那些手段。最小的恶，就是我们的最大的善。在物质世界里，也同在精神世界里一样，自然界使药物具有一种苦味。应当因此不吃药，或像小孩那样做出一副苦相去服药吗？我知道得非常清楚，如果公民当中流传不安情绪，它有时会变成像保民官那样危险，但是，这是控制经常打算越规的政府的笼头。

英国先生补充说，其实，我们昨天讨论的关于愚蠢不公的法律问题，和关于政府改革的问题，实际说来是一个问题，因为公民不可能在纠正本国政府的缺陷的同时，又像奴隶一样地去服从政府颁布的法律。

……先生，如果您知道某人愿意挺身保卫愚蠢不公的法律，那么，请您让他写成书面意见，并把这项材料给我寄来。至于我，我再没有勇气支持这种法律了。因为我只能提出一些非常一般的论点来与英国先生对立，他可以毫不费力地把这些论点驳倒，何况我得向您承认，我没有一种高明的辩才来反对我认为是真理的东西。

英国先生对我说，由于我们讨论的是法律问题，所以在详细研究您非常喜欢的政府改革的问题以前，我们应当利用所余的散步时间来看一下自然界给予我们的那些创造公正法律的手段。我反驳说，阁下，毫无疑问，自然界是非常英明的，它只赋予我们以理性，但理性并不给我们指明什么是我们的义务，也不关心满足我们的一切需要。我们为什么不深入地研究自己呢？我们为什么不迫使自己的欲念消失呢？我们为什么不去求教我们的理性给我们指明什么是自然界的命令呢？如果我们的法律只是自然规律的幼芽，它毫无疑问会是好法律。这样的法律可以抑恶扬善。如果这样，您会看到公民在守法时毫无怨言，甚至会把法律当做他们的安全和福利的基础来爱护。我对英国先生说，您说的对，您的方法正确。但是，如果根据经验判断，这种方法恐难实现。我很想知道，是不是有一种方法能够帮助经常被自己的欲念引诱或诱惑的人摆脱欲念的诱惑，并发现非常有益但一疏忽就要消失的真理。

先生：我早就想回答说，应当使国内的法学研究工作昌盛起来，组织自然法讲座，由诚实的人们成立法制委员会。当我荣幸地发现斯坦霍普先生好奇地注意与他进行的谈话对我是否有益以后，我就想要谈谈几百个别的同样重要的事情。我有足够正确的思想来理解我是从他的原则中寻找自己的答案的。我以开玩笑的口吻对英国先生说，您的话里有一种狡猾的成分；我不完全知道三天以前我对您说的话，可是今天我敢于对您说，只有在国家本身是自己的立法者时，国家才能有良好的法律。

先生，英国先生了解我，由于某类的荣誉和发现，我感到十分高兴。我过分地利用他的耐性，让他听了我的意见。我向他证明了他比我知道得还清楚的问题——想在君主政体或贵族政体之下建立公正合理的法律，简直是可笑的事。君主和目空一切的贵族怎么能够这样利用立法权限以使自己的比他人还盲目的欲念不把一切都从属于他们的个人利益呢？即使他们都能做到，难道他们都只想行善吗？难道他们周围的谄媚者不会妨害他们执行自己的意图吗？如果他们能够执行意图，那真是奇迹；恐怕从古至今，也未必能从历史中找到两三个这样的例子。从人们向君主进谏，叫他们必须重视公益，轻视自己的马匹、妃子、狗和侍从，而君主对此置若罔闻以后，人们为什么还不知道这是对聋子讲话呢？

相反地，如果立法机关掌握在人民手里，那么，请您相信，人民不久就会有最英明和最有益的法律。以自己的品格自豪和只希望服从法律的共和主义者，自然有着一颗诚实、高尚和勇敢的心。顺从他人统治的人，都甘心尊重他人的任性、不公正和狂妄，他们没有自己的判断。土耳其人尊重自己的苏丹，因而养成了一种习惯：把苏丹的个人命令看成是法律。暴君统治下的庶民，除了忍耐和与懒惰、恐怖同时并存的一些有用的奴隶品质以外，别无其他德行。竭力保护自己的自由的人民，即使偶尔犯了错误，这种错误也是不会太久的，同时这些错误可以教育人民；但是，对被奴役的人们来说，他们的初次错误必然酝酿着第二次错误。

英国先生打断我的话说，要小心啊！您太着急了；您虽然向前跑了很远，但没有注意到任何一个极端距离真理是同样地远的。

……只要爱自由，就足以建立共和国，但是，能够维护共和国和使它繁荣的，只有爱法律。可见，联合这两种感情应当是政治的主要目的。如果我们不能公正无私地对待公民的一切要求，我们怎样努力去建立或保护这一有价值的联盟都是白费力气的。如果您为自己规定了这种目的，那就不必担心会制定出不公正的法律；

而如果您没有把这个目的放在眼里，您就无法得到社会的幸福。拟定实施一种法律来纠正国家所发生的弊端的立法者，应当注意这个问题，并且问一问自己：这项法律能否直接或间接地削弱对一般法律的爱护或尊重。如果这项法律产生了这种作用，那么，尽管它在表面上能有暂时的好处，但必将使共和国受到致命的创伤。但是，问题并不限于这一点，您还必须使这两种感情在你们公民的心中保持平衡。我已经对您说过，像虚荣、愤怒、骄傲、贪婪这类欲念如果不以爱法律的感情为指南就要滥用爱自由的感情。如果尊重法律的心情不被爱自由的感情所鼓舞，那么，其他的一些欲念，比如懒惰、淫逸和恐惧等等，可使尊重法律的心情变成没有用处甚至危险的东西。

考察一下古代一些共和国的历史，您就可以看到，它们刚一丧失我所要求的那种平衡，就开始发生意见分歧。如果这种平衡恢复了，那么，在骚乱之后就会出现安宁。如果这种平衡不能再保持下去，那时国家就要无可挽回地灭亡了。在共和国被自己的不幸所压迫的这种衰败时期，也曾无成效地制定这一些表面看来还很英明和有用的法律。产生这种现象的原因是什么？因为改革不是从应当开始的地方开始的。我们只是开始医治这种或那种缺陷，而没有从研究产生缺陷的原因开始。如果国家的基本法律不良或者失效，那么，局部法律就不会发生任何作用。

人们几乎向来不知立法的程序和方法，不会根据法律的意义、效果和影响来区别法律。国家几乎经常徒劳地为使国家幸福，或只在很少的时机成为幸福的国家而工作。自由的人民一般都有隐瞒本国宪法缺点或甚至爱好这种缺点的不幸。因此，许多共和国只把自由赐予它们的许多优点利用了一半;它们被自己无法摆脱的许多为难的事所折磨,因为它们基本上给这些为难的事开辟了道路。我们英国人对国王的某些特权造成的成千上万的混乱表示不满。如果我们尊重国王毁坏我们的权利,我们为什么还要下院的选举自由和法定的两院制呢?

在其他的共和国里,管理机构是这样建立的:各个部分之间有合理的联系,并能互相增强,但是共和国本身却时常破坏这种和谐关系。有时,公民由于某种任性行为把统治者的权力提高,只是在他们所引起的敌意和嫉妒已使他们不能纠正自己的错误的时候,才发觉自己做错了;有时,他们试图把不能结合的东西结合在一起。他们想在自由的国家里欣赏那些使他们的邻国服从暴君的专制统治的罪恶。什么人民具有可以看到自由和道德之间有着密切和必然联系的聪明呢?如果您以奖励商业为借口而纵容贪婪和豪华,我可以向您断言:不管制定什么法律来巩固你们的自由,都不会防止你们沦为奴隶。哪一个共和国在沾染了斯巴达和罗马的恶习之后能够避免斯巴达和罗马的命运呢?

先生,我不想向您重复斯坦霍普阁下关于道德与政治的联系问题对我所讲述的一切。不错,他讲得万分详细,而且十分动人,但是,我应当说,我不是打算奉承您,我曾经听您多次谈过这个问题。他向我指出恶习的隐蔽联系;恶习并不因其所产生的罪恶而那么危险,危险的是恶习妨害着善的实现,使人心呆滞无力。道德犹如哨兵,它保卫着法律,不叫任何人违犯;相反地,如果缺乏道德,就会使人忘记或忽视法律。先生,您当然记得,我们从我们的政治理想中寻找过多少次纠正我们的行政管理上的恶习的办法?

我们设计过多少改革方案？但是，我们的令人忧愁的谈话，每一次都是以牢骚结束，我们埋怨无法找到诚实的人去完成这些改革方案。

英国先生在我们散步就要结束的时候对我说：您知道什么是折磨人类的一切不幸的主要源泉吗？这是财产的私有制。我知道，——他接着说——在原始社会，是可以根据公正原则建立这种制度的；那时，财产处于自然状态，因为谁也不能否认人们有权认为他们所建造的茅屋和所栽植的果实是属于自己的。什么东西也妨害不了几个家庭结成一个团体，以便进行互助，保护自己的财物，分配供应他们食物产品的田地。后来，当新的公民们看到野蛮的风俗引起的自然骚动，注意到每个人都想占有一切的事实，并考虑到缺乏预测一切不利情况的经验的时候，他们可能产生一种想法：认为建立财产私有制是有利的。但是，我们知道了从这个潘多拉的不幸的箱子[45]放出来的一切无边苦难之后，不应当向往（如果我们的理性还放射着希望的微光）被诗人赞许备至和为之惋惜的幸福的财产公有制吗？这种制度，莱喀古士在拉栖第蒙建立过，柏拉图想在他的理想国里恢复过，但是，由于道德堕落，在世界上可能只是一种空想。

不管共和国的财产最初分配得如何平等，请您相信，——英国先生继续说——过了两代，公民之间的平等就要消失。比如，您只有一个儿子，跟您学到了勤俭和劳动的本领，并继承了您细心保管下来的财产；而我不太活动，不太机灵，或者不太幸福，自然没有赐给我以你那样的才干和能力，把财产分给三个或四个懒惰或放荡的儿子。这样，人们之间必然出现不平等现象，因为财产的不平等一定引起各种需要和某种从属关系，不错，自然规律和理性不赞成这种关系，但是贫富所造成的许多欲念却承认这种关系。希望有钱的人被人重视和尊敬后，不互相勾结和不要求与众不同的特殊秩序，这是不可想象的。他们确实相信自己有资格占据实际上只应给予德才兼优的人的地位。他们认为自己有权残酷地、傲慢地和蛮横地对待穷人，而穷人则对他们产生羡慕和赞叹的心情。有多少恶习在折磨着社会！恶习随着无用的技艺俱增。不用再指望公益会成为公民的主要关心对象，因为公民现在认为他们的财产和自高自大比他们的祖国还贵重。阴谋、诡计和动乱不断发生。豪华在社会的上层人士中间宣扬暴政精神，而暴政则贬低日益愚笨的人民，并叫人民习惯于奴隶的生活。

最初，有人抱怨营私舞弊的行为，但是人们又尽量忍耐下去了，于是，这种宽容精神促进了营私舞弊的继续存在。当营私舞弊的现象达到引起愤怒的无耻程度，那就已经无法挽救了。如果制定土地法和取缔豪华法，情况将会怎样呢？这种法律不会再符合于社会习惯和个人习惯。在共和国里发动人民起义也是无用，这只能证明共和国今后不会再有政府。为了使某些已经没有用处，但还有人敢于援引的法律失效，愤恨贪婪和虚荣的公民会采取最强烈的暴力，结果，欲念创造出宏伟的计划，欲念终于成功；而暴政则惩治它所害怕的公民。罗马的历史就是这样。人们优柔寡断，漫不经心，听任事件自流和恶习横行，在国家中就会到处建立起某种冷酷无情的暴政来。公益开始到处受到轻视，最后完全被人们忘却。以法律名义公布的可耻的圣旨，在公民中间散布不睦，嘉奖屈辱、欺诈和告密等卑鄙行为。暴政不会在流血斗争面前让步，因为它没有把自己的奴隶放在眼里。一方面，懒惰、愚蠢和因拥有无数财富而心满意足的压迫者，决心奖励一切能够使他们恢复正在消失的享乐的人；另一方面，被压迫者由于贫困而失去了思维能力，这是一些不再认为自己是人的动物，他们实际上也不再是人了，每天为别人拒绝给他们的一点可怜的食物而奔波，亚述、巴比伦、米太和波斯等因豪华和娇弱而衰败的古代各国的历史就是这样，我们现代的大多数国家的历史也是这样。

英国先生对我说，我们在这株帚石南旁边坐一会儿吧。我不能反对他的请求。他说，请您保守我的秘密，我想把我的幻想告诉您。我读过一位旅行家的游记，他到过一个天空晴朗和流着有益于健康的清溪的荒岛。在读这本书时，我一直怀着一个愿望，想到那里去建立一个共和国，在这里，人人都是富人，人人都是穷人，人人平等，人人自由，人人是兄弟，这个共和国的第一条法律就是禁止财产私有。我们把我们的劳动果实都送到公共仓库去；这些果实都是国家的珍宝和每个公民的财产。家长们每年选出家政管理员，这些人员的职责是按照每个人的需要分配必需品，按照公有制对每个人的要求分配工作，并维护国内的道德。

我知道，私有财产可以引起对劳动的兴趣和热情，但是，如果由于我们在道德颓废的情况下，除了财产以外，不知道其他任何劳动的诱因，那么，在我们认为实际上好像没有任何东西可以代替这一诱因的时候，才没有认识上的错误。难道人人都只有一种欲念吗？如果我们能够激起爱名誉和爱受人尊敬的感情，并使它像贪婪那样有效，但却没有贪婪的一切不良方面，那么，这种感情不会成为劳动的动机吗？我将不把鼓励竞赛的奖品授予各种技艺的发明者，而是授予田地丰收的农夫，授予牲畜最健壮和繁殖最多的牧人，授予比他人能够忍耐艰苦和四季的不良天候的最机灵和最坚强的猎人，授予最勤劳的织布工人，授予操持家务最好的妇女，授予最努力指导家属履行对人类的义务的家长，授予读书最用功和最愿意学习父母美德的儿童。难道您没有看到：人类在这种法制的影响下可以高尚起来并容易得到我们的贪婪、我们的高傲和我们的娇弱所空口许诺的幸福吗？只有依靠人才能实现这一崇高的关于黄金时代的理想。什么欲念敢在我的岛上出现呢？现在压迫各族人民的无益法律的重担不会落在我们身上。我的思想被欧洲呈现的痛苦而毫无意义的情景折磨了很久以后，才沉湎于这个甜蜜的理想，我的心充满了愉快的希望。我几乎为自己创造的幻景迷住，十分不愿意跟它离开。英国先生对我说，请您仔细听我说，您的心也被使您产生希望的幻想所蒙蔽，它高兴地休息着；它没有向您说：人们应当享受的幸福就在这里吗！

我说，阁下，我们到那里去吧！我跟您去。我们什么时候出发和向哪方面走？让我们到这个没有欧洲的偏见和欲念的新天地去定居吧！我们将永远忘掉欧洲，而不再看到我们政府的非人狂行和我们同胞的不幸。

英国先生叹了一口气，然后微笑着说，太好了！我同意我们到那里去，但是我们俩个人成立不了共和国呀。谁愿意跟我们去呢？谁会离开祖国，到一个遥远的地方去寻找如果在自己的周围可以找到人们就会不重视的幸福呢？我们的堕落程度已经达到需要把英明看成愚蠢，而且实际上英明确已成了愚蠢的地步。既然我们没有我们可以按照自己的意志来培养成公民的新人，那么，我们怎么能够改变他们的观念呢？您怎么能够从他们的心里挖出这些数量无尽和永在产生着的欲念的根子呢？教育和习惯已使这些欲念的势力变成了不可摧毁的东西。

西塞罗曾在一个地方非难过加图，说他如果生在柏拉图的共和国里，一定要把他当时的罗马人说成与柏拉图的共和国的公民一样。我们要设法避免这种责难，要比加图明智一些。我们要下到深渊的底部，在那里抱着任何人力也不能拉断的锁链。我们要放弃一步登天的念头。

附　　录

马布利的社会学说

沃尔金院士

一

18 世纪的伟大的启蒙运动，从它的社会基础和目的来说，是资产阶级的运动。这个运动的代表者们，从理性和“人的本性”的观点出发，对一切旧的、封建专制制度的基本原则，作了毁灭性的批判，从而为资产阶级革命作好了准备。但是，在反对封建制度的斗争中，法国的资产阶级并不是孤军奋战。生产力的发展和陈旧的生产关系之间的日益尖锐的矛盾，严重地损害了资产阶级的利益；乡村的贫农和城市的平民等下层居民，也无比强烈和沉痛地感到国家的社会政治落后。革命的情绪因此不断增长。资产阶级作为整个“第三等级”的利益代表者，举起了反对封建制度的旗帜。这个斗争对整个社会有很大的进步意义。另一方面，18 世纪的法国工人还远远没有认识自己的阶级利益。但是，在资产阶级“启蒙时期”出版的大量政治书籍中，仍有一些作品超出了资产阶级的视野，试图从理论上认识半无产阶级和无产阶级群众的模糊的革命幻想。在这些著作里有对社会不平等和私有制的批判，主张共产主义，认为它是符合“人的本性”的制度。在 18 世纪宣传财产平等思想并提出共产主义制度来反对建立在私有制基础上的社会制度

的法国作家中，马布利神甫的影响最大①。

* * *

加布里埃尔·德·邦诺·德·马布利(Gabriel de Bornot de mably)出身于贵族家庭。预定做神职工作的马布利，有一切机会爬上教会和国家机关的高级职位，但他放弃了这些机会，终生献身于学术著作事业。马布利为人耿直，有主见，向来不接受高官和名位，比如，他拒绝为太子讲授政治学，为了不愿意颂扬黎塞留(Richelieu)，而拒绝接受院士的名位。马布利花了很多力量去研究古代作家的著作和古代史，他的这种对古籍的爱好，极深刻地影响他的论证。卢梭(Rousseau)对于马布利的观点的形成，无疑曾有过影响；摩莱里(Morelly)对他也可能发生了一定影响。马布利的为人和思想，在十八世纪都享有盛名。

马布利遗留下许多著作。他的著作很多，主要是关于道德政治和历史方面的问题。反对重农学派的论战性著作《哲学家经济学家对政治社会的自然的和必然的秩序的疑问》(1768 年)，是他讨论社会理论问题的最光辉的作品。他在对话体的《论法制或法律的原则》(1776 年)中，更加有系统地叙述了在实质上是同样的思想。他在 1758 年写成，但于死后才发表的《论公民的权利和义务》，对于理解他对社会和国家的看法也很有意义。

在上述的这些著作中，都同样表现出马布利理论体系的特点，

---

① 恩格斯曾写道："和这个尚未定型的阶级进行革命尝试的同时，也产生了相应的理论：在 16 和 17 世纪，有描写理想的社会制度的空想主义作品；在 18 世纪，简直就是共产主义的理论了(摩莱里和马布利)。"(《反杜林论》，人民出版社 1956 年版，第 15—16 页。)

即表明马布利首先是一个带有禁欲主义情绪的道德论者。他以道德标准来分析人类社会和研究人类社会的历史。讲道德和主张禁欲，也是卢梭和摩莱里学派的特有倾向。在马布利的作品中，这种倾向最为明显。他认为政治的真正目的，是追求社会美德；良好的政治，在本质上与道德没有多大差别。要想成为一个好的立法者，单是做一个好的财政家或一个好的商业家是不够的。马布利在跟重农学派论战时宣称，不能把农产品收成的好坏看成是衡量社会幸福的尺度。当然，收成好是需要的，但主要的问题不在这里，首先应当有好的公民。幸福就在我们本身，而不在我们周围的事物中。马布利坚持地反复宣布：需求越少，幸福越多[①]。

马布利和十八世纪的大多数政治思想家一样，也主张自然权利和自然状态的理论，认为权利的原理来自人的本性，自然状态乃是自然界所决定的人类自古就有的状态。但是，马布利对自然状态和自然权利的理解，既与重农学派不同，也与卢梭学派不同。马布利认为，人的本性的基本素质是利己。但是，这并不是人的本性的唯一素质，除了利己以外，造物主又赋予人的本性以社会品格：同情心、感恩、好胜心和爱荣誉等。从这些力量作用的结果总和中，必然产生出一个社会，因为社会品格促使人们接近；反之，如果没有社会品格，就不可能有社会。在形成社会时，这些力量所起的作用，比增加生活资料的需要所起的作用大，比如原始人的这种需要就不大，因为当时的人口增加得很慢。社会是人类生活的自然

① 《哲学家经济学家对政治社会的自然的和必然的秩序的疑问》，《马布利全集》第 11 卷，里昂 1792 年版，第 28 页；《论法制或法律的原则》，《马布利全集》，第 9 卷，第 9—10 页。

形式。社会和政权的产生早于农业和财产，而且社会和政权完全不是为了保障农业和财产而产生的。[①]

在马布利的学说中，社会秩序与自然状态没有明显的界限，而在卢梭的学说中，则以社会契约作为这种界限。人的本性决定他们过社会生活。个人的完全孤立状态（根据卢梭的学说，自然状态就是这样），与人的本性的基本素质相矛盾。根据马布利的意见，在社会形成之前，就有了善和恶的概念。因此，在法律和政权还没有产生的时候，人的任意行为就已受到了限制。理性在这个时期执行法律和政权的职能。人们结成社会联盟的目的，是为了他们的福利。人的理性本原往往迁就欲念的趋向。法律可以帮助理性，政府是为了加强理性本原，使欲念服从它而建立的。法律之应当控制欲念，犹如个人的理性控制自己的欲念一样。[②]

社会制度绝不取消人的自然权利。任何政权都无权剥夺人们的这种权利。如果人们不降低自己的人格，不损害人们结成社会联盟的目的，人们就不可能丧失他的天赋理性、固有自由和追求幸福的不可遏止的意愿。政府的目的不在于破坏公民的自然权利和幸福，而在于保障它们。政府的活动应当符合于人的理性的要求，而不应当违背这种要求。如果某一政府实行了不合理性的有害措施，每个公民都有权要求更换这个政府。这不仅是公民的不可剥夺的权利，而且也是他们的义务。不服从会引起混乱，但盲从却会导致奴役。[③]

① 《马布利全集》第 9 卷，法文版，第 56—57 页。

② 同上书，第 11 卷，法文版，第 257—258、266、271 页。

③ 同上书，第 11 卷，第 340—341 页。

马布利认为，人民是最高权力的唯一根源。把人民完全交由统治者管理的契约，是完全不可思议的。这种契约不可能约束有理性的人，这种契约是从来没有过的。人民最初只授予他们领袖以临时的权力，而且很少有固定的全权。他们服从领袖，但从来不认为自己低于领袖。只是到了后来，这些领袖才逐渐夺取了绝对权力。[①] 无论以“征服的权利”或时效为理由，都不能使这种权力取得法律效力。

人民一向拥有改变现有管理制度的权利。不管规定管理形式的法令怎样合理，人民也可以取消它，用别的法令来代替。当人类还没有更合理的法律时，他们只得服从现有的法律。但是，随着理性的发展，关于合理制度的观念也会改变，所以人类不应当使自己成为过去的谬误的牺牲品，而服从于自己认为不公正的法律。[②]马布利号召人们谨慎地宣传所希望的改革，指出这时必须考虑周围的情况。为了使改革能够顺利进行，他认为不仅需要知道目标，而且应当清楚地了解周围的环境。但是，他绝不反对采用革命的方法。马布利说过，革命不仅是可行的，而且有时是需要的。当然，专制可产生安宁，而革命则会引起混乱和内战。但是，专制下的安宁等于死亡，人民这时停滞于无知和偏见的状态。相反地，内战可能对社会有好处。马布利说，内战一般发生在人民的自由得不到充分保障的时候。这如同切除病瘤的手术一样，可以促进社会机体恢复健康。号召人民容忍就等于帮助巩固虐政。时常发生

① 《马布利全集》第12卷，法文版，第42—43页。

② 同上书，第11卷，第258页。

革命并没有什么可怕。人民过于保守,喜欢维持他们所习惯的现有制度。可惜革命的次数太少了,而且不容易发生。如果历史上多发生几次革命,那一定会给人类带来好处。①

这种主张内战和革命的论点,无疑反映了十八世纪后半叶法国社会上日益增长的革命情绪。但是应当指出,马布利赞同内战,是纯粹理论上的。在讨论法国内战的可能性时,他一般是作怀疑论的估计。而且,他认为,法国没有采取这种极端手段的必要。法国可以不打内战而实现改革,因为法国宪法所规定的一些机构能够通过和平办法达到改革的目的。马布利认为,国会和三级会议就是这样的机构。②

二

根据马布利神甫的政治观点来说,他属于十八世纪资产阶级政治理论家的左翼。他主张人民独立自主,一切立法权都集中于人民代议机关,一切公务人员都由选举产生,最高政权执行机关由人民代议机关选举,其权力受立法机关约束,赞同共和制的管理方式,认为只有在废除君主的一切实际过问国家政治生活的特权的条件下,才可以容许君主专制——马布利的这些思想,使他在资产阶级革命的活动家中享有很高的声誉。但是,马布利却完全没有资产阶级思想家的那种把以私有制为基础的制度理想化的特点。他坚决不承认即将到来的"资产阶级王国"是人的理性和自然权利

① 《马布利全集》第 11 卷,法文版,第 304 页以后,第 320、340—343 等页。

② 同上书,第 11 卷,第 397 页以后。

的王国。

马布利断言，以私有制为基础的制度不是自然秩序，恰恰相反，是对自然秩序的破坏。在同重农学派论战时，马布利宣称，在重农学派宣布的三项自然人权当中，他只承认两项：个人财产（马布利和重农学派都把这种权利理解为人身自由）和动产（享用生活资料的权利）。但从这两项权利中，绝不能得出地产权来，而且从自然方面来看，甚至很难理解怎样能够产生出地产权来。

自然预定人们都是平等的。它赋予我们以同样的器官和需要，又用社会品格的力量把我们联合在一起。自然没有给田地划出界线，它把土地的一切财富赐给人类共享。自然以上千种的方式向我们说过：你们都是我的孩子，我也无偏心地爱你们每一个人；我给了你们以同等的权利和义务；所有的土地都是你们每一个人的财产。[①] 人们越接近平等，就越接近幸福。重农学派企图以体力的不平等来论证社会的不平等是当然的。根据马布利的意见，这种论点实质上就是为实力权利辩护。一个人的体质并不能使他得到任何权利去支配其他天赋较差的。第一个人可以向第二个人要求的权利，第二个人也可以向第一个人要求。

马布利说，在自然状态中，没有高低之分，也没有虚荣和贪欲。在人口还很稀少的时候，人们以打猎和捕鱼为生。他们过着游牧生活，没有土地私有制度。共同的需要促使他们实行互助，为了整顿反对不公正行为的斗争，就建立了社会权力。后来，人口逐渐增加，迫使人们从事农业和过定居生活。不过，耕种土地完全不要求

① 《马布利全集》第 11 卷，法文版，第 11—12 页。

土地的私有制。相反地，人们应当根据已经习惯的观念，还像以前那样为全体平安而团结自己的力量，来进行共同的劳动。人们习惯于把土地视为公共财产，随着社会品格的发展，共有财富的观念在他们的思想中加强了——这一切都把他们的思想导向共有。[①]

自然产生的共产主义秩序，能够容易地满足社会的需要。身体强壮的人耕地，身体较弱的人从事手工业。劳动产品是共有的财富。马布利继古代的诗人之后断言，这就是人类历史的黄金时代。分财产是最大的蠢事。甚至很难理解怎么会分起财产来的。或许是某些社会成员的懒惰，其他成员不愿意以自己的劳动养活懒惰分子，成了分财产的起因。也或许是公务人员的假公济私，在分配时拿走了多于应得的东西，引起了分财产的要求。本应当找出消除这种弊病的办法，使共产主义制度的原则不受到破坏。但是在当时，人们还不知道私有制会给他们带来更大的不幸，所以走上了分割土地和建立土地私有制的道路，土地私有制的萌芽，很早就以茅屋所有权和劳动产品所有权的形式存在了。[②] 犯了这个极有害的错误的我们祖先，是由于他们的无知，还可以为人谅解。但是，无知并不能成为现代的一些哲学家为自己开脱罪责的理由，这些哲学家不去反对人类的谬误，反而宣布这种谬误是自然规律。[③]

人们分了土地，从而违背了自然的意志，并因此受到了严厉的惩罚。即使土地分得平均，也不能保证公民的平等。在土地分配得最公正的条件下，经过若干时间，私有制也必然引起财产的不平等，

① 《马布利全集》第 9 卷，法文版，第 57—58 页；第 11 卷，第 31 页。

② 同上书，第 11 卷，第 18 页，第 351 页以后，第 9 卷，第 63—64 页以后。

③ 同上书，第 11 卷，第 18—20 页。

社会分裂成几个阶级，社会品格会变成恶习。平等由于限制了需要，使人心平气和，因而阻止欲念的发展。不平等会使人腐化，改变人的情感，产生没有益处的愿望，以偏见和不公正的谬见充填人的心灵，为虚荣和贪欲大开方便之门。平等把人们团结在一起，而不平等则把人们分离开来，在人们中间散布憎恨。富人想方设法地享受，而穷人连满足最迫切需要的东西都没有。富有使人自负，贫穷迫使人出卖劳动并损害人的尊严。工人制造了大量的物品，却非常不幸：他们的辛苦劳动，只能勉强糊口，而且还难保明天不挨饿。[①]

这一切只是一连串的灾难的开端。马布利看出私有制是人类一切苦难的根源。富人力图夺取权力，穷人无力反抗他们。贵族政治必然导致寡头政治，然后又导致暴君专制。法律被任意修改。在平等和有节制的需要的条件下，人人都可以有足够的土地，而在不平等的条件下，土地就不足。因此，就产生了战争。富人一方面责骂偷东西的穷人该当死罪，而他们自己却在掠夺他人。私有制不仅破坏一个社会的公民之间的关系，而且也破坏了整个人类社会的各部分，即各个国家之间的关系。习惯于私有制的人相信，如果国家能够依靠侵略邻国而强盛，他们的财富就会随之增多。这就使他们支持对外侵略战争。如果公民之间平等，都因社会的富足而富有，那么，他们将有更多的动机不去扰乱邻邦的安宁。贫困、暴政和战争，这是对离弃自然预先规定的平等的人们施行的惩罚。[②]

① 《马布利全集》第9卷，法文版，第26—33页。

② 同上书，第9卷，第40—43页；第11卷，第13—14页。

因为私有制度不能保证平等，所以得出只有公有制才能保证人类的幸福的结论。[①] 马布利说，当人们想到人类在私有制社会里遭受的苦难时，不由要幻想在某处一个荒岛上建立一个共和国。在这个共和国里，人人应当一律平等，没有贫富，人人都是兄弟，承认任何东西不得据为己有为根本法律。每个公民的劳动产品都应当交入公共仓库，作为整个国家的公有财产。公务人员应从这种公共财富中，向每个公民发给他们所必需的物品；这些公务人员也应当对公民分配工作。反对公有的人断言，如果没有私有制度，就会使人们丧失从事劳动的必要刺激，导致社会走向普遍贫穷。马布利坚决反对这种说法。他承认私有制在一定程度上能刺激人们劳动，但是没有私有制，也能使人产生劳动的兴趣。为了把田地耕好，完全不必具有私有者的贪心。相反地，私有制会助长游手好闲的习气，而奢侈则常使农村的资财耗尽。马布利说，另一方面，不应当忘记，人们进行劳动除了由私有制造成的刺激外，还有其他的刺激。现在，人们由于千百年来受到反自然的制度的影响，而不能理解这一点。但是，爱荣誉和喜欢受到尊敬的心情，对于人的推动，比私有感的力量更大。即使现在，也有为公益而宁愿牺牲自己的人。在普遍认为劳动是光荣事业的社会里，这种推动作用将会更大。在理想的共和国里，法律将鼓励劳动，并加强公民尊重和爱护公共财物的心理。由此可见，公有绝不会妨害富裕。即使土地私有制能促进生产财富，也应当认为财产公有制比土地私有制优越，因为应当把社会品格的发展看得比培植五谷更为重要。“道德

① 《马布利全集》第 9 卷，法文版，第 52、62 页以后；第 11 卷，第 12 页。

高于五谷[1]”。

三

在马布利看来，理想的社会制度是共产主义，这是不容置疑的。但是，与摩莱里不同，他不相信人类能够回到这种“自然”制度中去。在这个问题上，马布利的观点近似卢梭的观点，他认为不能倒转历史的车轮。但是，马布利在论证这个观点时，却提出了一个有很大独特意义的论据。这个论据原是反对重农学派的；但在这里，马布利与重农学派的论战，实质上发展成了反对以唯理观点解释社会关系的论战。

马布利说，许多人认为，只要人们知道自然制度是什么，就可以立即建立自然制度。这种制度符合于人的本性，是一切制度中最好的制度，所以人们自然会向往于它。这一切，对于自然的人说来都是对的，而对于在不平等的制度下教育出来的人说来，则完全不对了。自从分了财产以后，人们就注定要永远成为这桩蠢事(分财产的蠢事)的牺牲品。宣传放弃私有制和恢复自然制度，是没有益处的。私有制引起了千百种的欲念；这些欲念又维护私有制，不让人们听到理性的呼声。在到处是不平等的社会里，指导人们行为的不是理性，而是欲念。社会分裂成几个阶级，而各个阶级具有敌对的利益。本应当为人造福的政治，却服从于富人和好虚荣的人们的利益，并为他们的欲念服务。社会的表面秩序，用恐怖办法来维持。在这种条件下，任何人力都不能恢复平等。恢复平等的

① 《马布利全集》第 9 卷，法文版，第 66—68 页；第 11 卷，第 8—10 页等。

尝试，会给社会带来比人们所要消除的混乱还要大的混乱。把我们与幸福隔离开来的障碍是无法克服的。[1]

在现存的社会中，任何制度都不能使所有的人感到是最好的制度。马布利说，假如说以私有制为基础的制度是理想的社会制度，怎么能让一个一无所有、终生劳苦的工人相信这是最好的制度呢？相信把一切都据为己有和过着富足舒适的生活的大私有者的存在是美好的安排呢？怎么能叫庄稼人相信当一名佃户是和地主同样好过呢？总之，怎么能叫穷人，也就是叫大多数公民相信他们所生存的社会能保证他们得到最大的幸福和快乐呢？每当他们拿自己的状况跟邻居的状况相比时，就会产生可以引起社会骚动的不满情绪。如果你向一个穷苦的人说，凡是有富人的地方就有穷人，二者互为必要。他会回答说，好吧，但是，我是一个低下的穷人，而另外一些人，却由于我所不知道的原因而成为富人，我为什么会满意呢？要知道，梅涅尼乌斯·阿格里帕(Menenius Agrippa)的著名寓言并没有说服平民。[2] 如果我们要证明公有制是理想的制度，也会发生这种情况。我们的一切证明都是无力反对欲念的。有势力的人不希望从功名世界回到共产主义，有钱的人不希望从贪婪世界回到共产主义。每个国家都有从社会灾难中取利的人。欲念使他们不能理解真理。而一般群众要做的事情太多了，以致无法听哲学家的训告。况且，穷人现在也没有共产主义制度所需要的那种品格了：马布

① 《马布利全集》第11卷，法文版，第12、19—20页。

② 马布利所指的寓言是：把各个社会集团比做人体的各个部分，由此推论社会必然有阶级区分。

利断言，人们已经失掉了平等感。

如果以理性的论据可以战胜欲念而自慰，等于不了解欲念。向他们讲解公益是没有作用的。哲学家经常是片面地观察人：有时把人看成是只需吃食的动物，有时又把人看成是不能与有形的力量对抗的天使。有的哲学家认为，欲念是理性的驯顺的奴隶。其实，欲念是世界的灵魂，是统治人类的暴君。就是欲念建立了土地的私有制度，废除了人类的平等，反复地创立和破坏管理制度。马布利说，在道德和政治方面，没有像几何学中所有的那种普遍必须遵守的真理。道德和政治的对象，是非常复杂而多方面的。在我们判断这种对象时，不知不觉地被偏见和私人利益所迷惑。欲念使人毫不犹豫地把他们感到有利的见解看成真理。欲念是我们的主人，而不是逻辑的化身。[①]

如果能够除掉偏见和欲念，就可能恢复完全的平等。但是，根据马布利的意见，在周围的现实中没有建造这种理想房屋的材料。品性越朴素，需求越低，社会上对道德的评价越高，社会里的头衔和财富越少，国家就越能沿着自然规定的道路前进。因此，把美洲和非洲的野人引上这条道路是最容易的。他们还没有私有制，不受财富造成的恶习和偏见的束缚。教他们学会必要的技艺，比我们戒除贪婪容易。[②]

正如我们所看到的，马布利十分鲜明地，或许是法国革命前最鲜明地表述了阶级利益的矛盾及其对意识形态的影响的

① 《马布利全集》第 9 卷，法文版，第 76—84 页；第 11 卷，第 37—48 页。

② 同上书，第 9 卷，第 81—86 页。

思想。与他论战的重农学派，在唯理主义的旗帜下，宣传资产阶级的社会协调论。他们闭眼不看资产阶级制度的矛盾，而把这种制度理想化。马布利在批判重农学派的唯理主义时，无情地揭露了这些矛盾。能够解决这些矛盾，从而建立真正协调秩序的力量，是没有阶级的社会，但马布利在他的周围现实中没有找到这种力量。这就使他走向社会悲观主义，不去实现社会理想。

马布利说，不能回到共产主义社会，这并不等于说应当放弃一切对不平等现象的斗争。但是，根据马布利的意见，在进行这种斗争时，应不要过分触动支配着人的欲念。立法者在向崇高的目标——平等迈进时，应当尽可能利用欲念，激发某些欲念，抑压另一些欲念，用一部分欲念去对付另一部分欲念。贪婪是私有制所造成的第一个欲念。一切恶习都是由此产生的。首先应当与这种欲念斗争。最强烈的欲念都与私有制有联系，所以千万注意，切勿因破坏私有制而刺激这些欲念。不考虑这一点的一切法律，都将是完全没有用处的。于是，马布利得出结论说，既然私有制已经建立起来(不管这种决定当时是错误的)，就应当把它看成是和平、秩序和安全的基础。建立私有制的法律是有罪的；而保护私有制不受破坏的法律，则是明智的。不废除私有制，而使财产私有者尽可能趋于平等，马布利认为这就是在现有条件下可能而且应当追求的目标。但在实行这种平均主义政策时，还应当极有步骤和十分慎重。这种与共产主义对立的平均主义纲领，毕竟还有一定的实现可能。在国家生活中，常有国家处于崩溃边缘而能决心实行必要的改革的情况。这种时机本来不少，只是缺少能够明智地运用

这种机会的人。[①]

四

马布利提出的改革纲领非常接近于卢梭的纲领。或许，这个纲领就是在卢梭的影响下制定出来的。无论如何，它基本上包括了我们在卢梭拟定的科西嘉宪法中所见到的社会要求。

和卢梭一样，马布利也要求限制商业，因为它是大量财富的主要源泉之一。他说，经商精神本身就与完善的管理制度相敌对，因为这种精神的基础是贪婪。商人没有祖国。社会越接近自然经济，对社会越有利。根据马布利的意见，甚至国税都应当改成劳动义务，即"服役"。[②] 同卢梭一样，马布利要求定出反对奢华的法律。这种法律应对衣食住、家具和仆役等都作出规定。法律规定得越严，越会减少产生不平等现象的危险。制造奢侈品的"无益技艺"应当禁止。执政者应当为公民树立朴素的榜样。如果执政者生活奢华，公民就不可能俭朴。限制奢华的法律，将能消除诱引执政者营私舞弊的影响。马布利建议，不给履行社会义务的人支付酬金，因为对社会的贡献不能用货币来衡量。应当追求的目标不是增加国家的收入，而是减少国家的支出。国库富裕是有害的。国家的经费需要越少，执政者搜刮人民的理由就越少。马布利甚至指责修建公共的高楼大厦都是奢华，因为这种奢华会引起人们羡慕和奢求豪华的私人住宅。[③]

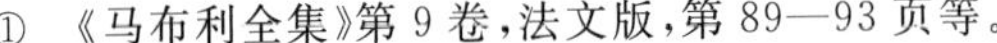

① 《马布利全集》第 9 卷，法文版，第 89—93 页等。

② 同上书，第 9 卷，第 100—101 页；第 113—116 页。

③ 同上书，第 9 卷，第 96—107 页等。

同卢梭一样，马布利要求颁布规定一个人可以持有的最高土地限额的土地法，以及防止地产向少数人手里集中和促进地产分散的继承法。马布利说，国家有权为了社会的利益而限制公民的所有权，并且有权控制财产的转让。马布利认为必须禁止遗嘱，只允许把动产遗赠给仆人，这可促进财富向穷人手中转移。根据马布利的意见，允许远支亲属继承财产也是不合理的。在有儿子继承时，应把全部财产平分给所有的儿子。如果家中无子，则在一定场合下，家长可以招收养子。没有人继承的财产，应当分给最后所有者住地的贫困家庭，最好叫富人看待穷人时，就像看待自己的儿子或继承人一样。马布利严厉地谴责贵族，特别是显贵收购农民的土地。必须阻止这一会使乡村空前荒芜的过程。现在的法律既不禁止富人在这方面的巧取豪夺，也不保护穷人的利益。马布利认为，在社会的等级区分已经根深蒂固的国家里，很难规定统一的土地最高持有额，所以他建议为每一等级规定最高持有额，同时为了保护农民的财产，禁止这一等级的人向另一等级的人转让土地。马布利认为，与大地产的拥护者的断定相反，限制土地的持有额，和增加小所有者的数量，不会损害土地的经营管理，因为恰好是大地产才荒废土地，小土地所有者一向都能精耕细作。①

马布利对于历史很有兴趣。他自己写了几部历史著作。他不仅努力用“人的本性”方面的论据，而且想用历史经验，来论证自己的社会理论。马布利断定，历史上曾经有过没有土地私有制的社会。他寻找这种例证的主要宝库，是被他用共产主义或平均主义

① 《马布利全集》第9卷，法文版，第117—124页。

思想理想化了的古代希腊和罗马。马布利最喜爱的古代典范，是斯巴达。根据他的意见，莱喀古士(Lyourgus)的立法就是建立在他所主张的原则上的。这种立法不承认土地私有。土地是公有财产，分给公民暂时使用(收益权)。马布利断言，这即使不是共产主义，也非常接近共产主义了。没有土地私有制，不仅没有破坏斯巴达国家，反而保证了它存在和兴盛六百多年。斯巴达人的生活需求较少，但他们比其他部族更接近于幸福，因为在艰难困苦的环境中也能找到幸福。罗马的立法者已经不能像莱喀古士那样先进了。他们只限制土地的持有额，把最高持有额规定为二百阿尔班①。这曾是反对大地产占有者专权的很好的办法。但是，由于战争和获得战利品，财富日益增加，以致这项法律不再有人遵守。财富毁灭了罗马共和国。全世界的财富也没有能够挽救罗马不被蛮族灭亡。但是，既然古代的历史能给马布利提供证明平等的论据，那么，它也能提供反对以革命方法破坏已有的财产关系的论据，因为在古代国家中，要求重新分配土地和废除债务的意愿，一向是只能引起骚乱、普遍不信任和相互仇恨的。

使古代的制度适应于现代的需要，并把它作为思想斗争中的理想标本，是十八世纪法国文献中最流行的现象。在法国革命的前夕，特别是在革命期间，莱喀古士、革拉古斯(Gracchus)兄弟和布鲁士斯(Brutus)等争取共和国自由平等的战士都远近闻名。马布利在介绍他们方面所起的作用，或许比他同时代的其他任何人都大。

① 参见注释〔35〕。——译者

*　　　　　*　　　　　*

如果认为马布利是个彻底的共产主义者,甚至从我们在论述十八世纪的梅叶(Meslier)或摩莱里这样的空想家时使用的共产主义者这个术语的意义来理解,都是大错特错的。他的平均主义的改革纲领,是一个小资产阶级空想主义的典型。在这个纲领里,有不少显然反动的观点。但是,就他拥护共产主义制度并认为是最适合于人的本性的制度(虽然他认为这是不可能实现的)这一点说来,他还是对于共产主义思想在革命前的法国的传播起了不小的促进作用的。我们完全有理由把他看作是法国革命时期的共产主义运动——所谓“平等派的密谋”的一位理论预言家。

马布利传略

加布里埃尔·邦诺·德·马布利(Gabriel Bonnot de mably;1709—1785)生于格勒诺布尔市的一个司法界(所谓"长袍贵族")贵族家庭。他是哲学家孔狄亚克(Co dillac)的长兄和百科全书派的代表人物达兰贝尔(D'Alembert)的堂兄。马布利的人文科学教育是在里昂的耶稣会学院受到的,当时的许多著名人物都出自这个学院。马布利由这个学院毕业后到了巴黎,他的亲戚红衣主教谭先把他送入圣·苏尔皮齐修道院。马布利的家庭和红衣主教谭先都希望他从事神职工作,但马布利不愿意做这种工作,他离开了修道院,回到格勒诺布尔,在这里从事他心爱的工作——研究古典文学。他几乎可以背诵柏拉图、修昔底德(Jhycidides)、普卢塔克(Plutarch)的著作,以及西塞罗的哲学著作。这种深厚的好古精神,反映在马布利的整个后期的科学和文学活动上。

马布利的第一部著作《罗马和法国的比较》出版于1740年。在这部书里,马布利还完全承认法国的君主制度的必要性。该书很受欢迎,但马布利后来为它感到惭愧。1751年,他在《罗马史要》一书的序言里对这部书作了严厉的批判。根据马布利的传记作者布利查尔修道院长说,有一次,他在艾格蒙特伯爵家里看到这部书,当众把书拿起撕毁。[①]

《罗马和法国的比较》出版后不久,马布利回到巴黎。他常到他的姨妈谭先夫人的沙龙去做客,在这里结识了巴黎上层社会的名流——哲学家和作家等。他在这里遇见了孟德斯鸠(Montesguieu)和达尔让逊(D'Argenson),并和他们建立了友谊关系。谭先夫人很赏识马布利的才华和聪明,建议他的兄弟红衣主教谭先(1742 年出任外交大臣)聘请马布利担任他的秘书。马布利成了谭先的最得力助手,不久便在外交部里担任要职。他为红衣主教准备在大臣会议上所作的报告,拟定备忘录、政府的紧急报告等文件。1743 年,他被任命与普鲁士驻法大使举行谈判,和普鲁士签订反对奥地利的条约。1746 年,他筹备过布勒达[②]谈判。马布利很有希望在政界飞黄腾达,可是在 1746 年,他突然离开外交部,从此终生与官方的政治和外交活动绝缘。

离开外交部以后,马布利完全献身于科学工作,研究历史和哲学。他过着孤独的生活,为人十分谦逊,满足于每年三千里弗[③]的养老金收入——这是他的全部财产。他拒绝接受一切荣誉,比如推辞不任太子——查理十五世的儿子的太师;当时马布利说,如果我去教太子,我将对他说:"国王是为了人民而创造的,而人民不是为了国王而创造的。"

马布利的毅然决然与宦界断绝关系,是他的政治观点发生深刻变化的结果。马布利熟悉专制制度的各方面,因而促使他厌弃

---

① 布利查尔:《传略》,载于《马布利全集》第 1 卷,第 98 页。

② 在荷兰北部。——译者

③ 即现今的法郎。——译者

这种制度。他开始到古希腊人中去寻找他的国家的理想，研究普卢塔克、修昔底德等人的著作，深爱希腊的民主制度，特别是斯巴达的制度。莱喀古士、梭伦和福客翁(Phocion)，都是他所崇敬的国务活动家。

从1746年起，可供作马布利传记的材料非常少。他的后半生活动，都是与紧张的文学活动和出版他的科学著作分不开的。在革命前的法国，实行严格的出版检查制度，因此，马布利的著作的出版，经常受到阻碍。马布利所固有的对政治问题论述的锋利性，他对专制和暴政的深刻憎恨，宣传爱自由的思想，以及他对待“内战”的看法——这一切就是他的著作经常不能在法国印行的原因。

马布利在给红衣主教谭先当秘书的时候，曾经给谭先写过一份关于威斯特法里亚和约以来的国际关系概要。这份概要奠定了马布利在1748年于阿姆斯特丹出版的《根据从1648年威斯特法里亚和约到现在的各项条约建立的欧洲国际法》的基础。马布利的改变了的政治观清晰地反映在这本书上。他在这本书里严厉地批判了欧洲各国的对外政策及其人民的社会和政治生活条件，并且首次提出他以整个后半生来解决的各项问题。马布利在这本书里谈到了财富分配不均的不公正，谈到了没有自由，谈到了一个人从属于他人，谈到了所有这些社会制度与正确的思想和自然规律的矛盾。

在研究古代希腊和罗马的共和国的历史以后，马布利出版了两部著作：1749年出版《希腊史要》，1751年出版《罗马史要》。马布利在这两部书里歌颂古代的共和国，并拿它们与欧洲的国家比较。1757年，马布利的《外交原理》出版，他在这本书里斥责了欧洲各君主国家的内外政策，他们的掠夺性战争和对庶民的压迫。他主张根据新的原则建立外交关系，废除各种密约，建立睦邻关系，用和平方法解决尚未成熟的矛盾，等等。次年，马布利写完《论公民的权利和义务》，其中叙述了他对内政问题的看法。由于出版检查，这部书在马布利生前未能出版；过了三十年，在1789年才出版。

1763年，马布利在阿姆斯特丹又匿名出版一部书，名叫《福客翁谈道德与政治的关系》。他在这部书里，以批判雅典的国家制度为名，批判了封建专制的法国的政治和社会制度。福客翁的理想，是建立一个彼此平等的小土地私有者的共和国。伯尔尼共和国对马布利的这部著作授给奖金，认为它是最有益于整个人类的书籍。

1765年，在日内瓦出版了马布利的两卷《法国史要》，这部书的第三卷到1788年才问世。

马布利根据原始材料研究本国的历史，分析宪章、法律和条约等文件，仔细解剖采邑制度及其对人民的种种压迫，揭发封建制度和专制政权的产生根源，从而打击了神授王权的学说。马布利认为，只有查理大帝统治的短短时期是全部法国历史中的唯一光明现象。马布利在美化查理大帝时，把他描写为能够执行人民代表所通过的法律的国王。他证明三级会议的取消是法国的最大不幸；而三级会议的恢复（当然，要在新的基础上恢复），则是国家复兴的唯一手段。马布利预言，君主政体的危机不久就要到来，人民应当利用这个危机来召开三级会议。马布利的这部书，在法国革命时期甚为流行。它是当时法国史书中的新成就。人们认为《法国史要》是一部优秀的法国史，因为据布利查尔说，这“不是国王、战争、攻城和败战的历史，而是国家制度、法律、民族道德、议会、政权演变和争取自由的历史”。[①] 马布利自己在逝世前不久，对这部书说过：“这部著作就是我的遗书。”[②]

1768 年，马布利发表了他的《哲学家经济学家对政治社会的自然的和必然的秩序的疑问》，这是对法国重农学派的著名代表——哲学家梅尔西·德·拉·李弗尔（Mercier de la Riviere）上一年（1767 年）出版的《社会的自然的和必然的秩序》一书的回答。马布利在这本书里尖锐而热情地批判了重农学派关于私有制和政权问题的基本命题。

到 18 世纪 70 年代，马布利已经是全欧知名的政论作家和政治理论大师，某些国家还就制宪问题向他征求意见。

1770 年，巴尔联盟[③]曾委托马布利草拟波兰宪法。于是，他首次放弃独居生活，到波兰住了一年，以熟悉波兰的政治制度。马布利回国后，写成《论波兰的政治和法律》一书，到 1781 年才出版。马布利在这本书里概述了波兰的状况。他以悲观的笔调描述了波兰人民的状况：农民受压迫，小贵族剥削人民群众，国家混乱，贵族专横跋扈。马布利建议波兰实行资产阶级发展所必要的温和改革。

1778 年，马布利的论文《论历史研究》出版，这篇论文大概是在 1767 年为波旁王朝的帕尔姆的裴迪南亲王写的。

① 布利查尔：《传略》，第 20—26 页。

② 同上书，第 106 页。

③ 波兰贵族中的保守分子与教权派分子的联盟，1768 年在巴尔结成。——译者

这篇论文评述了古代和近代世界各国人民的历史，马布利认为各国人民的一切无数苦难，都是由于统治者和执法者滥用职权所造成的。马布利在评述中特别指出瑞士、荷兰和瑞典，根据他的意见，这些国家的人民已经建成了自由的制度。彼得大帝在俄国所起的改革作用，吸引了他的注意；但是，他对“彼得的英明”给予应有的评价以后，又指责彼得的活动，其主要理由是：彼得没有把他的臣民培养成公民。

马布利确信，不研究过去，不应用历史经验，是无法治国的。因此马布利认为，历史学家面前摆着重大的任务，他觉得，当时的学者没有很好执行这一任务。马布利在1775年出版的《论修史方法》，专门研究这个问题。他向历史学家提出一些巨大的和在当时说来是新的要求。他首先要求历史学家按文献研究历史，考证事实的真伪，理解人民的发展规律和国家的衰亡原因，指出人民在国家历史中的作用，研究人民的生活和人民争取自由的斗争。

1784年，即在马布利逝世的前一年，他出版了《道德原理》。他在这本书中总结他的生平时，重述了他的世界观中使他成为政论家和他终生信守的那些原则。自然界创造人时，是把他们作为平等和善良的人创造出来的。社会分为贫富，是一切罪恶的根源。富人压迫穷人，从而给整个社会带来损害，并毁灭了人民群众中的天才。马布利要求社会建立平等制度，认为这是救世道德的根本。

1784年，出版了马布利在世时期的最后一部著作：《美国政府和法律概观》[1]，这部书是应富兰克林(Franklin)和约翰·亚当斯

① 《美国政府和法律概观》，《马布利全集》第8卷，第483、484页。

(John Adams)之请,发表他对美国宪法的意见的。马布利指出了美国宪法的好的方面及它比当时欧洲各国宪法的进步性,也指出了它的不好的方面,并且提出了若干修正它的缺点的意见。但是,马布利对美国的未来发展抱着悲观的看法,他曾经预言:如果美国不改变它的社会制度,不取消财产的不平等现象,新的共和国必将灭亡。马布利预见到,不平等的继续发展,会导致美国去侵略别的国家;美国人会变成新的迦太基人,被侵略的各国会联合起来抵抗它。

马布利死后,又发现了一些未发表的手稿。这些手稿和已经印行的著作合在一起,编成十五卷本的《马布利全集》,在 1792 年于里昂出版。

《马布利全集》的第二个版本,是以《马布利修道院长全集,共和国第三年(1794—1795),巴黎》的名称出版的。

注　　释

〔1〕沙法维——波斯的王朝，由伊兹迈尔·沙法维建立，统治期间为1505—1735年。

〔2〕亚偈西劳(Agesilaus)——斯巴达的国王，天才的外交家和统帅。色诺芬(Xenophon)的《希腊史》对他有详细叙述。卒于公元前358年。

〔3〕阿纳卡尔西斯(Anacharsis)——西徐亚人。根据传说，他出身于王族，游历过许多地方，在梭伦执政时期到过雅典和希腊的其他城市。希腊人把他列为七大贤人之一。从希腊回国后，因欲使本国希腊化而被处死刑。法国作家巴特尔米(Barthélemy)把他作为自己的长篇小说《青年阿纳卡尔西斯希腊游记》(1788年)的主人公。

〔4〕哈农(Hanno)——迦太基的苏菲特(高级官职)。他留下了非洲西岸的航海图，这是古代地理的珍贵资料。

〔5〕弗拉库斯·荷拉提乌斯(Flaccus Horatius，公元前65—前8年)——奥古斯都时代的伟大罗马诗人。一个解放奴隶的儿子，受过良好的教育。著有许多讽刺散文和颂诗，题材包括日常生活、哲学和文学等方面，形式简单优美，内容深刻。

〔6〕弗里德利克·阿克塞尔·费尔森(Frederik Axel Fersen，1719—1794年)——瑞典的伯爵，在国会中占有主要地位，是贵族政党“平帽派”的领袖之一。1772年古斯达夫三世实行政变后，充任国务委员会委员。

〔7〕约翰·丘吉尔·马尔巴罗(John Churchill Marlborough，1650—1722年)——英国的公爵，统帅，国务活动家。参加过反对路易十四世在位时的法国的战争。

〔8〕亚立斯泰提(Aristides，公元前540—前467年)——雅典的政治家，属于保守党的温和派，出任过高级官职。

〔9〕意巴密嫩达(Epaminondas)——公元前四世纪希腊底比斯的统帅和政治家。属于民主党,曾拟过宏大的政治计划,企图削弱斯巴达和雅典,建立比奥细亚地区的领导权,但未能实现。公元前362年卒。

〔10〕莱喀古士(Lycurgus)——传说中的古斯巴达立法者。古代的作家认为他的生平活动在公元前八世纪。根据传说,莱喀古士创立了斯巴达的各种法制,特别是给斯巴达人规定了份地制度。十七和十八世纪的空想社会主义的代表人物都认为莱喀古士是合乎理性的立法者的典范。

〔11〕用益权——(拉丁文为Usufructus)罗马法中的最重要的私人权利,即授予某人以终生享有和不可割让的使用权。

〔12〕米太雅第(Miltiades)——伟大的雅典国务活动家,统帅。公元前490年被雅典人选为十大统帅之一。在他指挥下,雅典军队在马拉松战胜了波斯人。

〔13〕忒密斯托克利(Themistocles,公元前约525—前461年)——雅典的伟大国务活动家和统帅之一。在希波战争时期最为出名。由于忒密斯托克利的努力,雅典建立了强大的海军,因而使雅典人能够在萨拉密斯岛附近的海战中大败波斯人(公元前480年)。忒密斯托克利的全部活动,主要致力于增强雅典的力量,与斯巴达抗衡。

〔14〕李奥倪大(Leonidas)——公元前488—前480年间的斯巴达国王。在希波战争(公元前480年)期间据守温泉关,阻止波斯军向希腊的中央地区侵犯。在抗击敌人的战斗中,与部下一同阵亡。希腊人有许多传说叙述温泉关战役和李奥倪大的殉国事迹。

〔15〕萨拉密斯岛——在雅典南部,波斯国王薛西斯的军队和希腊军队曾在这个海岛附近进行过有名的战役,结果希腊人胜利。参看注〔13〕。

〔16〕布拉的城——比奥细亚地区的古城,希波战争(公元前480年)时期被波斯国王薛西斯破坏;公元前479年,希腊人在布拉的城下大败进犯希腊的波斯军。

〔17〕密卡勒角——小亚细亚的海角,雅典人和他们的盟友在这里与波斯人进行海战,结果获胜。

〔18〕最后,人民前往圣山——马布利在此引证的,是有关罗马贵族和平民之间的斗争的一段历史传说。根据传说,贵族的暴政逼得平民离开罗马

城，前往附近的圣山（阿文廷山）。据说，梅涅尼乌斯·阿格里帕把平民劝回了罗马城。平民获得了选举两名保民官的权利，以保护自己的利益（公元前494年）。

〔19〕与贵族共享手执棍束的权利——棍束是古罗马的权力标志，由皇帝或执政官的侍从人员或专门指定的人员扛在肩上。马布利在这里指平民为参加国家管理工作而进行的斗争。

〔20〕你们的清教徒领袖——马布利指英国十七世纪资产阶级革命的领袖，他们反对斯图亚特王朝的国王专制。

〔21〕你们……求助大宪章——指1215年英国的失土王约翰在贵族的压迫下签署大宪章的英国大宪章运动。现代英国资产阶级历史学家把这个宪章看成是英国宪法和英国民主的基础。

〔22〕出现过一位狂信者——大概指英国资产阶级革命时期流行的清教徒狂热信仰，这种信仰反映着要求完全废除现有制度的社会抗议，认为现有制度不符合人的本性。在这些人的眼里，国王、将军并不比一般平民高。可能马布利在这里指的是威廉·艾维拉德。

〔23〕查理二世把这一带土地让给威廉·潘恩——马布利指宾夕法尼亚州的创建者威廉·潘恩。潘恩因在英国传布教友派的教义被捕入狱。他出狱后，决心到美洲去为他的信徒建立殖民地。为此，他用去查理二世欠他父亲潘恩海军上将的一万六千英镑债款。查理二世为了偿付这笔债款，在1681年把美洲的一大块土地让给威廉·潘恩。

〔24〕涅普顿（Neptune）——古罗马的海神，航海业的庇护神。

〔25〕阿克维龙（Aquilon）——古罗马人对北风的称呼。

〔26〕波烈阿（Boreas）——古希腊人对北风的称呼。

〔27〕吉菲尔（Zephyr）——古希腊人对温和的西风的称呼。

〔28〕底比斯沙漠——上埃及沙漠。从公元三世纪起，这里变成了早期基督教隐修士的隐修场所。

〔29〕监察官（ephoroi）——斯巴达的高级官职，据说系莱喀古士所规定，每年由人民选举，共有五人。监察官享有很大权力：召开公民大会，颁布法令，指导对外政策，跟随国王出征。

〔30〕阿提库斯（Atticus，公元前100—前32年）——出身武士阶层，是罗

马共和国末期的有势力财政家之一。与西塞罗和布鲁特交往甚密。

〔31〕卡提林纳(Catiline,公元前108—前62年)——古罗马的贵族。在公元前64年竞选执政官失败后组织阴谋("卡提林纳阴谋"),企图杀死执政官,以武力夺取执政官的职位。公元前63年西塞罗当选执政官后,获悉卡提林纳的活动。他的阴谋被揭发,许多参加者被捕处死。

〔32〕阿基斯(Agis)——马布利在这里指的是斯巴达国王阿基斯四世,在他统治时期(公元前254—前241年),企图恢复莱喀古士的国家制度,取消财产的不平等现象。他的改革一方面受到监察官的阻挠,另一方面,又因爆发埃陀利亚战争而搁浅。希望幻灭了的人民不再信任阿基斯。大地主们利用这个机会举行政变。结果阿基斯被黜,并根据监察官的命令,在狱中被勒死。阿基斯的悲惨遭遇常被用做戏剧作品的题材。意大利的著名剧作家阿尔菲哀利(Alfieri,1749—1803年)用这个题材编写的悲剧"阿基斯",最为出名。

〔33〕老加图(Cato Censorius,公元前234—前139年)罗马平民出身的监察官。他以办事严格和反对豪华而闻名。历任高级官职。是极端保守派的思想家。

〔34〕土地法——从古代文献中借用来的术语,表示要求重新分配土地。在法国资产阶级革命前夕和革命时期,有许多人拥护这种法律。

〔35〕阿尔班(Arpent)——古代法国的地亩单位,大小各地不同,一般在三十至五十公亩之间。

〔36〕李启尼乌斯(Licinius)——罗马的保民官。与另一位保民官赛克斯提乌斯一起,在公元前367年实行扩大平民权利的法律(Leges Liciniae Sextiae)。在这种法律中,有一条写道:任何一个罗马公民都不得持有五百尤格路姆(1尤格路姆约为二千五百平方公尺)以上的耕地;另一条规定:一名执政官应由平民中选出。

〔37〕米太战争——古代对希波战争的称呼。

〔38〕《公民日志》——18世纪法国资产阶级经济学重农学派的理论刊物。

〔39〕《社会的自然的和必然的秩序》——1767年出版的一部著作,作者是重农学派的一位著名代表梅尔西·德·拉·李弗尔,马布利与他论战,出

版了自己的《哲学家经济学家对政治社会的自然的和必然的秩序的疑问》。

〔40〕以弗所神庙——古代的供奉女农神的庙宇，设在小亚细的以弗所。公元前356年，被赫洛斯特拉特焚毁（根据传说，他是为了扬名才烧毁这个神庙的），后来重建，比以前更为壮丽。尼禄把神庙里的宝藏掠走，公元262年又被哥特人烧毁。

〔41〕图阿兹（Toise）——法国的旧长度单位，约为二公尺。

〔42〕国王密令（Lettres de Cachet）——在革命前的法国，对国王秘密发布的既不经过法院和检察厅，也不宣告惩治原因和刑期的关于逮捕或流放某人的命令叫国王密令。在十八世纪末法国资产阶级革命初期，就废除了这种制度。

〔43〕联合省——根据1579年乌特勒支合并协定，尼德兰北部七省结成防御同盟以抵抗西班牙。1581年，它们正式宣布脱离西班牙王国，开始称为尼德兰联合省共和国。

〔44〕德瓦纳——阿拉伯和波斯称苏丹的国务会议为德瓦纳。国务会议主管国家的重大内政和外交问题，不管宗教事务。德瓦纳也是最后一审的法院。

〔45〕潘多拉的箱子——根据希腊神话，宙斯（Zeus）在许配潘多拉做普洛米修斯的弟弟伊庇米修斯的妻子时，赠给潘多拉一个箱子。在赠箱时禁止她打开箱子。但是，潘多拉打开了箱子，于是关在箱子里的各种灾难就遍布全世界，给人类带来了痛苦。在箱子的底部只留下了希望。

马布利著作的俄文译本

1. 马布利:《福客翁谈道德与政治的关系》,圣彼得堡,1772 年。

2. 马布利:《希腊史要》,A. 拉吉舍夫译自法文。圣彼得堡,1773 年。

3. 马布利:《道德原理》,三部,莫斯科,1803 年。

4. 马布利:《论修史方法》,三部,圣彼得堡,1812 年。

5. B. П. 沃尔金编:《现代社会主义的先驱及其著作摘要》,第一部,莫斯科—列宁格勒,1928 年。(其中载有马布利的《论法制或法律的原则》的摘要。)

* * *

这部《马布利选集》收进了下列初次译成俄文的作品:

1.《论法制或法律的原则》(第一篇全部和第二篇的第一章)。

2.《哲学家经济学家对政治社会的自然的和必然的秩序的疑问》(头两封信)。

3.《论公民的权利和义务》(头四封信)。

对上述作品作了若干删节:删去了与本集的宗旨没有直接关系的历史性评论;简略了与马布利所特有的文章体裁(对话、通信、陈述、散步时的谈话等)有关的烦琐细节。

马布利著作的初版年代

Parallèle des Romains et des Français. Paris, 1740. (《罗马和法国的比较》,巴黎,1740 年)

Droit public de l'Europe, fondé sur les traités, depuis la paix de Westphalie, en 1648, jusqu'à nos jours. Paris, 1748. (《根据从 1648 年威斯特法里亚和约到现在的各项条约建立的欧洲国际法》,巴黎,1748 年)

Observation sur les Grecs, Genève, 1749. (《希腊史要》,日内瓦,1749 年)

Observation sur les Romains. Genève, 1751. (《罗马史要》,日内瓦,1751 年)

Principes des négociations. La Haye, 1757. (《外交原理》,海牙,1757 年)

Entretiens de Phocion. Amsterdam, 1763. (《福客翁谈道德与政治的关系》,阿姆斯特丹,1763 年)

Observations sur l'histoire de France. Genève, 1765. (《法国史要》,日内瓦,1765 年)

Doutes proposés aux philosophes économistes, sur l'ordre naturel et essentiel des sociétés. Paris, 1768. (《哲学家经济学家对政治社会的自然的和必然的秩序的疑问》,巴黎,1768 年)

De la législation ou principes des loix. Amsterdam, 1776. (《论法制或法律的原则》,阿姆斯特丹,1776 年)

Du gouvernement et des lois de Pologne, Paris, 1781. (《论波兰的政府和法律》,巴黎,1781 年)

De la manière d'écrire l'histoire. Paris, 1773. (《论修史方法》,巴黎,1773 年)

De l'étude de l'histoire. Paris, 1778. (《论历史研究》,巴黎,1778 年)

Principes de morale. Paris, 1784. (《道德原理》,巴黎,1784 年)

Observations sur les Etats-Unis d'Amérique. Paris, 1784. （《美国政府和法律概观》,巴黎,1784 年）

Des droits et des devoirs du citoyen. Paris-Lausanne, 1789. （《论公民的权利和义务》,巴黎—洛桑,1789 年）

Oeuvres complètes de l'abbé de Mably. A Lyon 1792. （《马布利全集》,里昂,1792 年）

有关马布利的文献

Энгельс Ф. Анти-Дюринг. Соч., Т. XIV, стр. 18, 375. （恩格斯:《反杜林论》,《马克思恩格斯全集》第 14 卷,第 18、357 页）

Волгин В. П. Предшественники современного социализма, ч. 1, М., 1928. （沃尔金编:《现代社会主义的前驱及其著作摘要》,第一部,莫斯科,1928 年）

Волгин В́. П. История социалистических идей, ч. 1. М.-Л., 1928. （沃尔金:《社会主义思想史》,第一部,莫斯科—列宁格勒,1928 年）

Волгин В. П. Социальные и политические идеи во Франции перед революцией (1748—1789 гг.) М.-Л., 1940. （沃尔金:《法国革命前的社会和政治思想(1748—1789 年)》,莫斯科—列宁格勒,1940 年）

Герье В. И. Учение о нравственности и социальная утопия Мабли. "Русская мысль", 1885, кн. I и II. （格利耶:《马布利的道德学说和社会乌托邦》,载于《俄罗斯思想》,1885 年,第一和第二册）

Герье В. И. Политические идеи аббата Мабли. "Вестник Европы", 1887, январь. （格利耶:《马布利神甫的政治思想》,载于《欧洲导报》,1887 年 1 月号）

Чичерин Б. Н. История политических учений, т. III, М., 1871. （齐切林:《政治学说史》,3 卷,莫斯科,1871 年）

Allix E. La philosophie politique et sociale de Mably. Revue des études historiques, 1899. （阿利:《马布利的政治哲学和社会哲学》,载于《历史研究报》,1899 年）

Girsberger H. Der utopische Sozialismus des XVIII Jahrhunderts in Frankreich, Zürich, 1924. （盖斯贝格:《法国十八世纪的空想社会主义》,苏黎

世,1924 年)

Guerrier M. W. L'abbé de Mably moraliste et politique. Paris, 1886. (桂利耶:《马布利神甫是位道德家和政治家》,巴黎,1886 年)

Janet P. Histoire de la science politique dans ses rapports avec la morale, v. 2,3-e ed., Paris, 1887. (让内:《政治科学与道德的关系史》,2 卷,第 3 版,巴黎,1887 年)

Kingsley Martin, French liberal thought in the eighteenth century, London, 1929. (金斯莱·马丁:《法国十八世纪的自由思想》,伦敦,1929 年)

La Serve P. Mably et les physiocrates, Poitiers, 1911. (拉·赛尔夫:《马布利与重农学派》,波亚迭,1911 年)

Lichtenberger A. Le socialisme au XVIII-e siècle. Paris, 1895. (李希顿贝格:《十八世纪的社会主义》,巴黎,1895 年)

Mornet D. Les origines intellectuelles de la Révolution française. Paris, 1933. (莫尔内:《法国革命的思想基础》,巴黎,1933 年)

Müller G. Die Gesellschafts-und Staatslehre des Abbes Mably und ihr Einflues auf das Werk der Konstituante. Berlin, 1932. (缪勒:《马布利神甫的社会和政治学说及其对制宪工作的影响》,柏林,1932 年)

See H. Les idées politiques en France au XVIII-e siècle. Paris 1920. (赛伊:《十八世纪的法国政治思想》,巴黎,1920 年)

See H. La doctrine politique et sociale de Mably. —"Annales historiques de la Révolution française",1924,N 2,p. 135—148. (赛伊:《马布利的政治学说和社会学说》—《法国革命编年史》,1924 年,第 2 卷,第 135—148 页)

Villegardelle F. Histoire des idées sociales avant la Révolution française, Paris, 1846. (维雅加尔德尔:《法国革命前的社会思想史》,巴黎,1846 年)

Whitfield Ernest A. Gabriel Bonnot de Mably. London, 1930. (威特菲尔德·艾伦斯特:《加布里埃尔·邦诺·德·马布利》,伦敦,1930 年)

图书在版编目(CIP)数据

马布利选集/(法)马布利著;何清新译.—北京:商务印书馆,2017
(汉译世界学术名著丛书:120年纪念版:珍藏本)
ISBN 978-7-100-14509-1

Ⅰ.①马… Ⅱ.①马… ②何… Ⅲ.①马布利(Mably,Gabriel Bonnot de 1709-1785)—文集 ②空想社会主义—文集 Ⅳ.①B565.299-53 ②D091.6-53

中国版本图书馆CIP数据核字(2017)第153972号

汉译世界学术名著丛书
(120年纪念版·珍藏本)
马布利选集
何清新 译

商 务 印 书 馆 出 版
(北京王府井大街36号 邮政编码100710)
商 务 印 书 馆 发 行
北京市十月印刷有限公司印刷
ISBN 978-7-100-14509-1

2017年12月第1版 开本710×1000 1/16
2017年12月北京第1次印刷 印张14

定价:70.00元